"大衰退"以来
美联储的政策实践

A Study on the Fed's Policy Practice
since *the Great Recession*

吴培新　著

中国金融出版社

责任编辑：方　晓
责任校对：张志文
责任印制：陈晓川

图书在版编目（CIP）数据

"大衰退"以来美联储的政策实践（"Dashuaitui" Yilai Meilianchu de
Zhengce Shijian）/吴培新著 . —北京：中国金融出版社，2015. 8
　　ISBN 978 - 7 - 5049 - 8081 - 6

　　Ⅰ . ①大… 　Ⅱ . ①吴… 　Ⅲ . ①货币政策—研究—美国
Ⅳ . ①F837. 120

中国版本图书馆 CIP 数据核字（2015）第 183713 号

出版
发行　中国金融出版社

社址　北京市丰台区益泽路 2 号
市场开发部　（010）63266347，63805472，63439533（传真）
网上书店　http://www. chinafph. com
　　　　　（010）63286832，63365686（传真）
读者服务部　（010）66070833，62568380
邮编　100071
经销　新华书店
印刷　保利达印务有限公司
尺寸　169 毫米 × 239 毫米
印张　9. 25
字数　143 千
版次　2015 年 8 月第 1 版
印次　2015 年 8 月第 1 次印刷
定价　28. 00 元
ISBN 978 - 7 - 5049 - 8081 - 6/F. 7641
如出现印装错误本社负责调换　联系电话（010）63263947
编辑部邮箱：jiaocaiyibu@ 126. com

2007—2009 年发生于美国的"大衰退"被认为是自 20 世纪 30 年代"大萧条"以来最严重的经济衰退,与之相关的 2008 年全球性金融危机引发了第二次世界大战后最严重的全球性经济衰退。

不同于以往的危机干预和经济复苏策略,在本轮衰退中,美联储的货币政策起到了核心作用,居功甚伟。在这危机干预和经济复苏的非常时期,美联储大胆突破、积极创新,成功地避免了"大萧条"的重演。"大衰退"以来美联储的政策实践,大大突破了中央银行货币政策理论及实践的传统范畴。

本书对"大衰退"以来美联储的政策实践作了全面梳理、总结和研究。全书共五章。第一章从美联储的视角分析了金融危机的背景、起因、形成和爆发,这为第二章分析美联储的危机干预政策提供了基础。第二章在对危机时期金融市场和宏观经济风险进行理论分析的基础上,梳理、总结了美联储的危机干预手段及其对危机干预手段的风险管理。第三章主要从就业角度分析美国经济复苏迟缓的原因,认为就业复苏迟缓主要是周期性的而不是结构性的,这是运用货币政策刺激就业复苏的前提。第四章分析美联储的经济复苏政策,包括美联储双重目标数值及其实现目标方式的明确、非常规的资产负债表工具和利率前瞻性指引等政策工具,这些政策手段显然不同于以往的经济复苏政策。第五章分析美联储危机干预和经济复苏政策导致其资产负债演变的情况,除了资产负债规模大幅扩张外,不同政策手段也导致美联储资产方、负债方不同项目的余额和结构发生变化。

  显然，"大衰退"以来美联储的危机干预和经济复苏政策是成功的货币政策实践，政策手段之多、力度之大、影响之广是全球货币政策实践史上前所未有的。通过对美联储非常时期非常手段的分析和研究，丰富和扩展了我们对传统货币政策理论和实践的认识，使我们对货币政策理念、工具、传导和框架有了更广阔和深入的理解。

金融危机全景：背景、起因、形成和爆发

"大衰退"是指 21 世纪第一个十年后期的全球性经济下滑，各国对衰退的规模和时间争议较大，但就其整体影响而言，大家普遍认同这是第二次世界大战后最严重的全球性衰退。根据美国国民经济研究局（NBER）的官方认定，美国的经济衰退始于 2007 年 12 月，终结于 2009 年 6 月，为期 18 个月。"大衰退"与美国 2007—2008 年的次贷危机和全球性金融危机紧密相关。金融危机对全球范围内的市场和机构都产生了广泛、深入的影响，市场发生剧烈动荡，一些系统重要性机构倒闭或接近倒闭。研究本轮金融危机的背景、起因、形成和爆发，可以从中吸取教训，以防类似危机的重演，也为本书其余章节的分析提供基础。

本章分五节，依次分析金融危机的背景、起因、形成和爆发，最后是本章小结。

1.1 金融危机的背景

1.1.1 危机前全球货币政策及经济基本面

21 世纪初以来，全球货币环境宽松。自 1995 年第一季度至 2002 年上半年，全球政策利率与按照泰勒规则计算的虚拟政策利率较为接近，这表明在这段时间里的货币政策是适当的。但自 2002 年下半年开始，政策利率低于虚拟利率，且两者之间的差距逐渐拉大，这表明，相对于正常、适当的政策利率，实际的货币政策立场偏于宽松（见图1.1）。

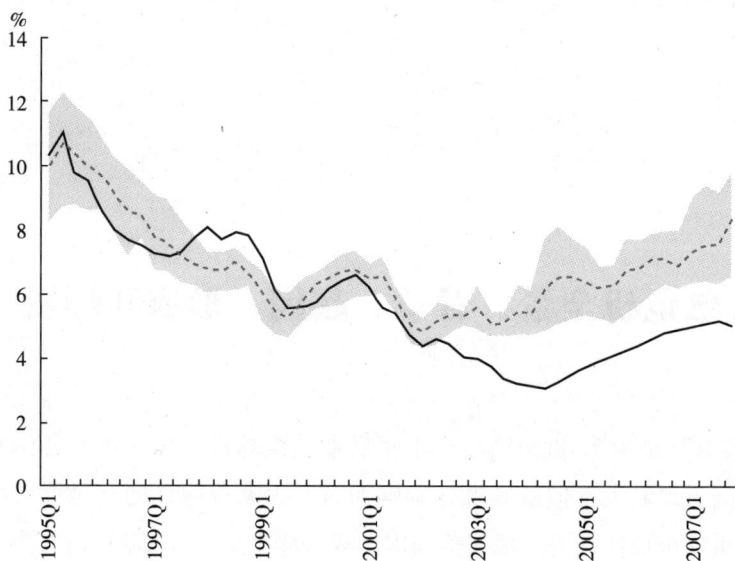

注：季度数据；实线为政策利率，虚线为按照泰勒规则计算的虚拟的政策利率。阴影部分为置信区间。

资料来源：转引自 Hofmann and Bogdanova（2012）。

图1.1　危机前全球政策利率与虚拟的政策利率：1995 年第一季度至 2007 年第四季度

全球宽松的货币环境导致全球经济增长势头良好，保持了高增长态势（见图1.2），失业率也趋于下降（见图1.3），同时，通货膨胀率也保持在低位（见图1.4）。

与全球经济的高增长和低通胀相对应的是全球金融市场表现异常强健。利率处于历史低位，包括美欧国家在内的资产价格上升很快，且资产价格的波动性及风险溢价异常低。异常低的利率和高涨的资产价格，导致货币供应量和信贷规模都以异常快的步伐扩张。

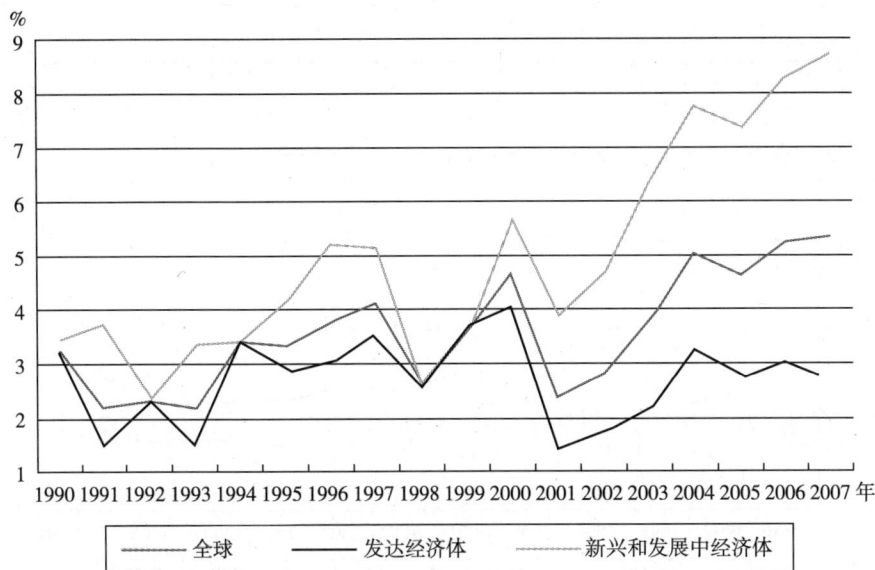

注：年度数据。

资料来源：IMF 数据库。

图 1.2　危机前全球经济增长状况：1990—2007 年

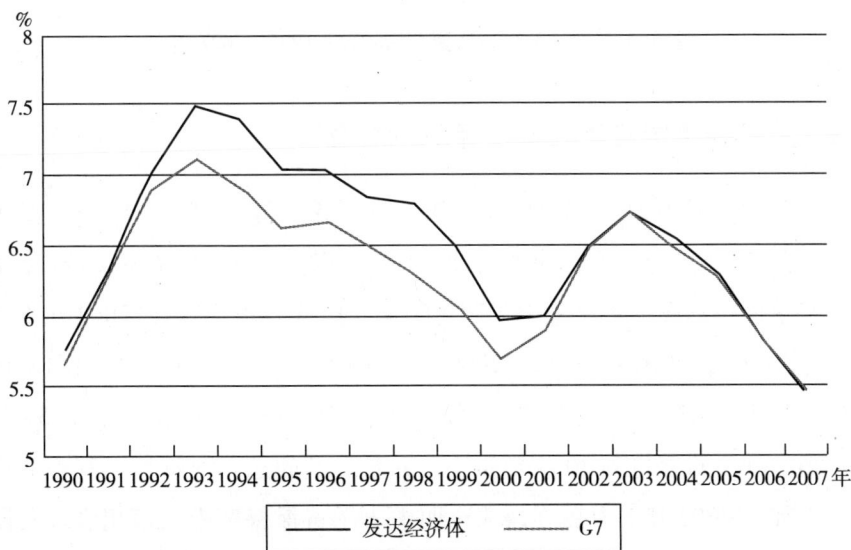

注：年度数据。

资料来源：IMF 数据库。

图 1.3　危机前发达经济体失业率状况：1990—2007 年

3

%

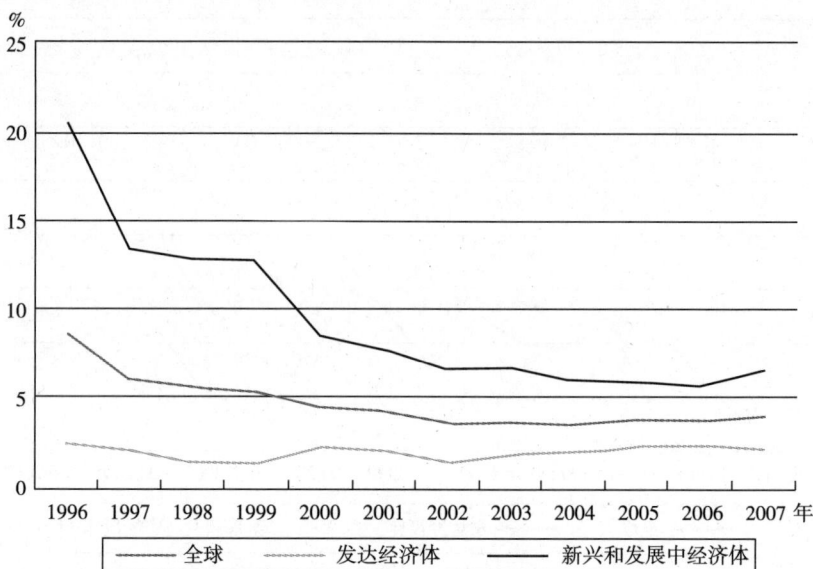

注：年度数据。

资料来源：IMF 数据库。

图 1.4　危机前全球通货膨胀状况：1996—2007 年

1.1.2　危机前美国货币政策及经济基本面

21 世纪初，高科技股泡沫破裂导致美国经济在 2001 年 3—11 月遭受了温和衰退，加之 2001 年 9 月的恐怖袭击、2003 年的入侵伊拉克和 2002 年系列公司财务丑闻也给美国经济蒙上了阴影，美联储从 2001 年初到 2004 年 6 月持续调降联邦基金利率，利率从 2000 年末的 6.5% 下调到 2001 年 12 月的 1.75%，再到 2003 年 6 月的 1%，总的降息幅度为 5.5 个百分点，为 50 年来的最低值，并一直保持到 2004 年年中。并且，其间还多次进行了利率的前瞻性指引，如在 2003 年 8 月就在政策声明中表示将保持宽松政策相当长一段时间。从 2004 年 6 月开始，美联储进入加息周期，联邦基金利率于 2006 年 6 月达到 5.25%。

有很多人在次贷危机发生后认为危机前的美国货币政策过于宽松，过于宽松的货币政策导致房地产泡沫的积累，泡沫的破裂导致了危机的发生。接下来我们分析危机前美国货币政策是否过于宽松。

一般情况下，泰勒规则能较好地模拟美联储货币政策。如果由泰勒规则模拟的政策利率高于实际采用的美联储政策利率，则表明实际采用的政策利率过于宽松。泰勒规则一般式可以表示为

$$i_t = 2 + \pi_t + a(\pi_t - \pi^*) + b(y_t - y_t^*)$$

式中，i_t表示 t 期模拟的政策利率水平，$\pi_t - \pi^*$ 表示 t 期通货膨胀率与通货膨胀目标值的偏离程度，$y_t - y_t^*$ 为"产出缺口"，是 t 期实际产出与潜在产出的偏离，a、b 为正的参数值，描述了当通货膨胀和产出偏离目标值时的政策反应强度。

在 1993 年初始的泰勒规则版本中，a、b 均为 0.5。通货膨胀用实际发生的 CPI 来表示。以此进行政策模拟，结果显示，总体上危机前的 2002—2006 年美国货币政策处在偏于宽松状态，实际采用的联邦基金目标利率低于虚拟利率大概 2 个百分点（Taylor，2007）。

伯南克并不认同这一看法（Bernanke，2010）。他认为，由于货币政策发挥效用有时滞，因而在货币政策决策时应该用预测变量而不是实际已经发生的数值，通货膨胀用消费者支出价格指数（PCEPI）涨幅来衡量，再按照 1999 年版的泰勒规则将 b 赋值为 1，模拟的政策利率为图 1.5 中的虚线，其与政策利率基本吻合。这表明，危机前的货币政策基本上是适宜的（见图 1.5）。

2002—2006 年较长时期的低利率政策刺激了美国经济增长，使经济从放缓中很快恢复过来，经济增长于 2004—2006 年达到近 4%，失业率趋于下降，与此同时，通货膨胀率则始终平稳地保持在低于 3% 的较低水平（见图 1.6）。

1.1.3　危机前美国房地产市场

本轮美国房地产泡沫的积累肇始于 20 世纪 90 年代。在经过几年的缓慢上升后，房价在 90 年代后期开始加速上涨——1998—1999 年房价年涨幅为 7% ~ 8%，2000—2003 年年涨幅为 9% ~ 11%，也就是说，在 2002—2004 年高度宽松

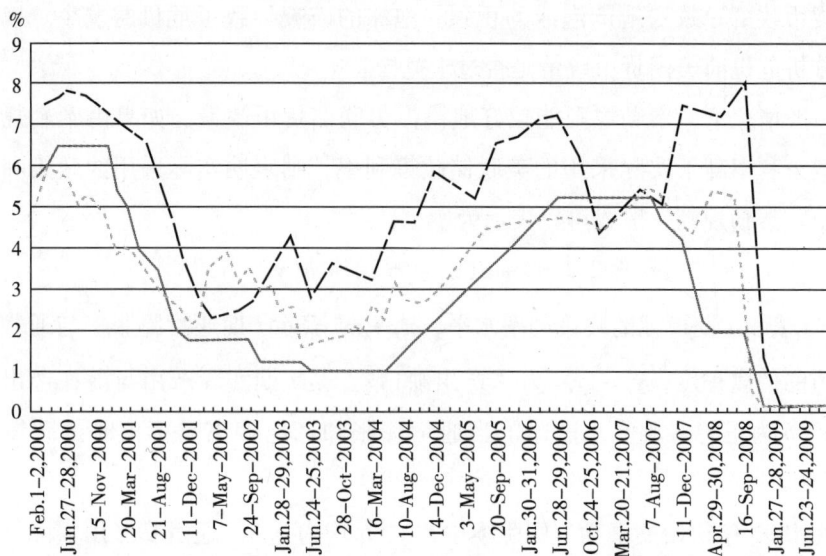

注：实线为政策利率，分段线为按照 1993 年版泰勒规则计算的虚拟政策利率，虚线为按照 1999 年版泰勒规则计算的虚拟政策利率。

资料来源：转引自 Bernanke（2010）。

图 1.5　危机前美国政策利率与虚拟的政策利率：2000 年 1 月至 2009 年 6 月

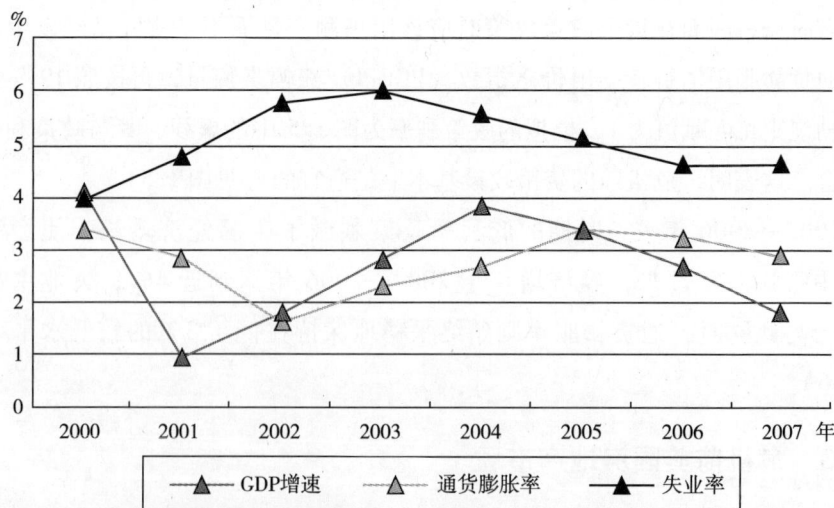

注：年度数据。

资料来源：IMF 数据库。

图 1.6　危机前美国经济基本状况：2000—2007 年

的货币政策之前，房价就已经大幅上涨（见图 1.7）。当然，也应该注意到，房价在 2004—2005 年加速上涨，年涨幅达 15% ~17% 。

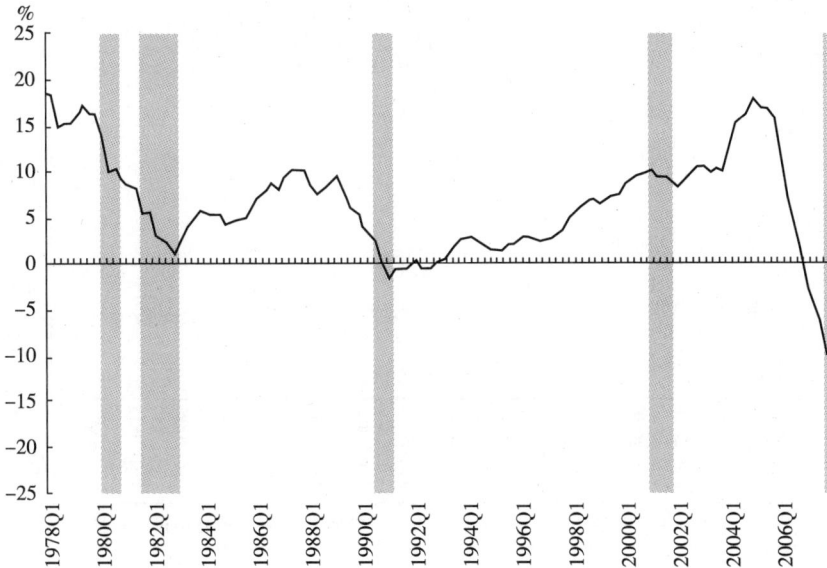

注：季度数据；阴影为衰退时期。

资料来源：转引自 Bernanke（2010）。

图 1.7　危机前美国房价涨幅：1978—2007 年

房价的持续上涨，吸引了越来越多的购房者，其中不乏炒买炒卖房地产的投机客，投机风潮兴起并不断蔓延。根据美国房地产协会的统计，美国的成屋销售从 2000 年的平均每月折年率 510 万套开始攀升，到 2005 年下半年，一度高达 720 万套，上升幅度超过 40%；新屋开工由 2000 年初的每月折年率 87 万套上升至 2005 年高点的每月折年率 139 万套；新屋销售由 2000 年初的每月折年率 163 万套上升至 2005 年高点的 227 万套，这表明，房产市场已经趋热（见图 1.8）。

从货币政策与房价上涨之间的关系来看，通过利用 20 世纪 70 年代以来房产价格与货币政策的数据，21 世纪早期的房价上涨只有小部分可归因于美国的货币政策，房价上涨的相当部分无法用货币政策或宏观经济环境来解释（Del Negro and Otrok，2007；Dokko and Others，2009）。

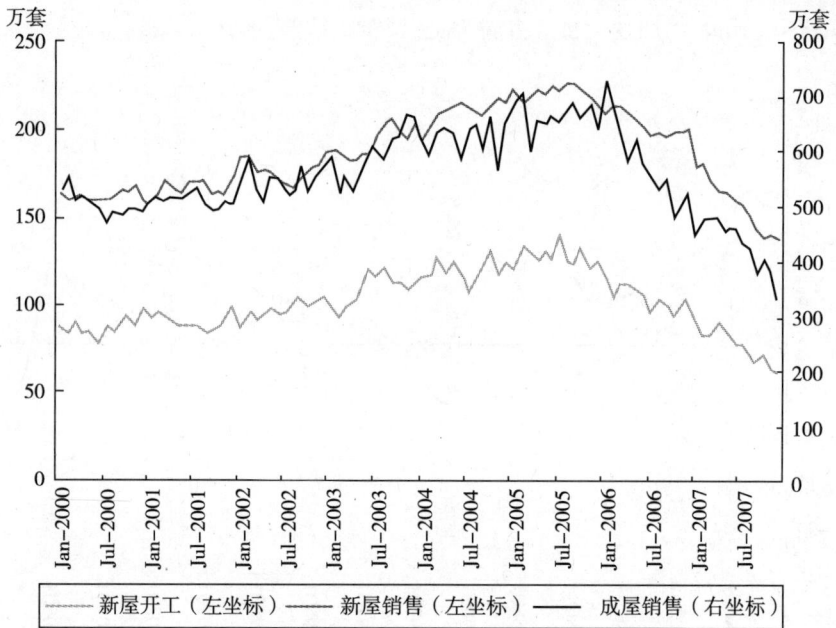

注：月度数据，数据为季度调整后的年率。

资料来源：美国商务部统计局、美国房地产协会。

图 1.8　危机前美国住房市场状况：2000—2007 年

但是，21 世纪初以来，金融创新使利率变化与房产融资的关系变得比以往紧密。比如，在 2003—2004 年，大约 1/3 的按揭是利率可调按揭产品（见表1.1）。这样，当按揭利率是可调的且与短期利率挂钩时，低利率政策可通过影响按揭月供而更加直接地与住房市场联系起来。

表 1.1　　　　　　　　　　　可选择按揭工具与初始月供

按揭产品	初始月供（美元）	占固定利率按揭月供比例（%）
固定利率按揭（FRM）	1 079.19	100
利率可调按揭（ARM）	903.50	83.7
无本金支付 ARM	663.00	61.4
40 年期 ARM	799.98	74.1

续表

按揭产品	初始月供（美元）	占固定利率按揭月供比例（%）
负分期偿还 ARM	150.00	13.9
选择性支付 ARM	<150.00	<13.9

注：固定利率按揭的月供按房屋价格 22.5 万美元、30 年期按揭、2003—2006 年平均按揭利率以及 20% 首付计算。负分期偿还利率可调整按揭贷款（Adjustable – rate Mortgage，ARM）指初期支付不必覆盖利息。选择性支付 ARM 指在还款初期给予借款人以很大的自由选择还款的权利。

资料来源：转引自 Bernanke（2010）。

随着房价的上涨，抵押贷款发放者为了扩大业务范围，逐渐降低借贷标准，开发出次级房屋抵押贷款和 Alt – A 等新品种。如表 1.1 所示，相对于传统的固定利率按揭，其他按揭工具都不同程度地减少了购房者的财务负担，特别是负分期偿还 ARM 和选择性支付 ARM 的使用者。这样，原来不符合抵押贷款条件的低收入者或无法提供收入证明的消费者也加入了购房者行列，非传统按揭占比上升（见表 1.2），住房自有率也由 2000 年的 67.4% 上升到 2004—2006 年的 69% 左右（见图 1.9）。而更多的抵押贷款借款人可以以较为优惠的条件获得以房屋抵押的再融资，从而进一步推动房价的上升。在房价飙升时期，房贷者即便没有收入来源，也可以用房产的增值部分进行再融资，用以偿还原来的贷款，并可用以支撑消费。这样，对次级贷款而言，其还款能力不足问题被隐藏起来了。

表 1.2　　　　　　　　　　非传统按揭占 ARM 比例　　　　　　　单位：%

年份	无本金支付		延长的分期偿还		负分期偿还	选择性支付
	次贷	Alt – A	次贷	Alt – A	Alt – A	Alt – A
2000	0	3	0	0	—	—
2001	0	8	0	0	—	—
2002	2	37	0	0	—	—
2003	5	48	0	0	19	11
2004	18	51	0	0	40	25
2005	21	48	13	0	46	38
2006	16	51	33	2	55	38

注：Alt – A 贷款是介于优质抵押贷款和次级抵押贷款二者之间的贷款。

资料来源：转引自 Bernanke（2010）。

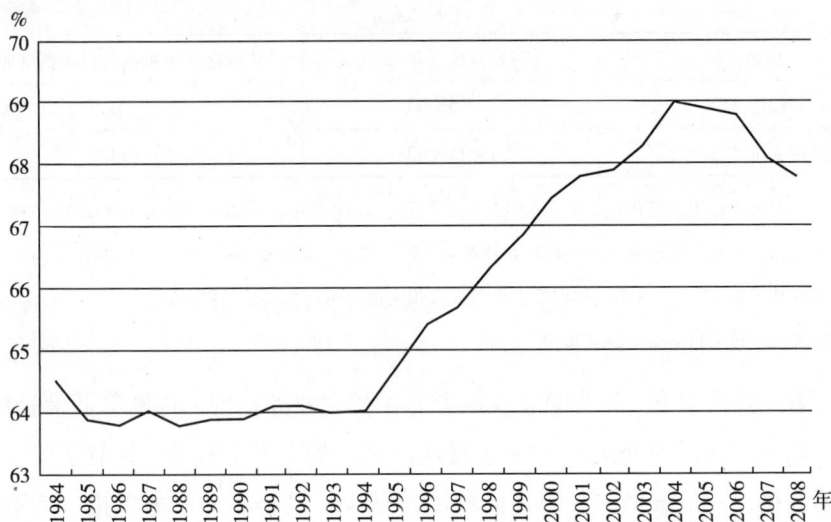

注：年度数据。

资料来源：美国商务部。

图1.9 危机前美国住房自有率

可以说，按揭市场的金融创新对21世纪初以来的房价上涨起到了推波助澜的作用。

2004年6月底，美联储的政策利率转入上升周期，经过17次、每次0.25个百分点的持续升息，到2006年6月29日，联邦基金利率达到本次周期的巅峰——5.25%，并在该点持续到2007年9月，时间长达15个月。

联邦基金利率的上升使抵押贷款发放机构纷纷重新调整次级和可调整利率抵押按揭（Adjustable Rate Mortgage，ARM）的利率水平，并收紧房屋融资条件，房地产市场资金来源无以为继，房价在2006年中达到最高点后就逐步下行。房价的下行导致还款能力不强的次贷借款者失去了再融资来源，加之可调整利率住房按揭贷款的借款者在经过初始的低息期后普遍进入利率重置阶段，这大大加重了非传统按揭使用者的利息负担，次级贷款的还款能力不足问题浮出水面。房地产抵押贷款的违约增加，以及取消住房抵押赎回的情形急剧上升，导致房地产价格泡沫破裂，并成为次贷危机的导火索。

房地产抵押贷款的大范围违约对于持有或经营次级抵押资产的房地产投资信托公司、商业抵押贷款机构、投资银行及商业银行的抵押贷款子公司等产生直接影响，导致该类机构盈利能力下降。

2007 年 4 月 2 日，美国第二大次级抵押贷款经营机构——新世纪金融公司（New Century Corporation）申请破产保护，拉开了次贷危机的序幕。

2007 年 7 月底至 8 月初，全球股市因为美国次级房屋信贷的危机而大幅波动，股票市场下跌。8 月初，美国最大的按揭公司 Countrywide 表示，次级抵押贷款市场的风暴开始影响高质量的按揭贷款。同时，美国之外的法国、德国、日本等国金融机构开始披露次贷相关损失，次贷危机开始向全球金融体系扩散。2007 年 8 月 6 日，全球股市第三度因美国次级房屋信贷问题而大跌，标志着次贷危机正式爆发。

2008 年 9 月，美国金融市场风云再起。9 月 7 日，美国政府宣布接管两大政府资助的房地产贷款机构房利美（Federal National Mortgage Association，Fannie Mae）和房地美（Federal Home Loan Mortgage Corporation，Freddie Mac）；9 月 15 日，美国第四大投资银行雷曼兄弟控股公司申请破产，当天，美国最大的零售银行——美国银行以每股 29 美元、合计约 500 亿美元的价格收购美林集团，同时，美国最大的保险公司美国国际集团陷入流动性危机。由此，次贷危机演化为全球性的金融危机。

1.2 金融危机的起因[①]

1.2.1 危机的触发因素

危机的触发因素是：在房价开始下滑后，次级贷款的巨大潜在损失显露出来了。

在 2007 年 7 月 30 日，IKB 这家中等规模的德国银行宣布，为了满足其债务清偿要求，它将从政府拥有的母公司和关联的德国银行接受额外支持。IKB 的问

---

① 本部分主要来自美联储主席伯南克于 2010 年 9 月就本次金融危机的起因在美国国会金融危机调查委员会前的证词《本次金融和经济危机的根源》（*Causes of the Recent Financial and Economic Crisis*）。

题是它的 Rhineland 表外机构不再能为到期的、以前在美国市场发行的、资产支持商业票据（ABCP）进行再融资。尽管 Rhineland 证券投资中的证券都没有出现违约，且只有部分是与次贷相关的，但由于 Rhineland 持有的证券被降级，商业票据投资者仍然担忧 IKB 的债务清偿能力。

同时，其他与 Rhineland 相似的机构也发现它们面临再融资成本提高的问题，也较难安排债券发行。这些困难由于投资者都在抽回资金而加剧了；确实，2007 年 8 月的美国 ABCP 余额直线下跌将近 2 000 亿美元。经济学家 Gary Gorton 将这种资金抽回比拟为传统的银行资金抽逃：商业票据市场和其他短期货币市场的投资者与银行的存款人相类似，最推崇安全性和流动性。① 如果他们质疑投资的安全性，相对于花费时间和资源去评估其投资是否实际上安全，抽回资金（类似于"银行资金抽逃"）是更容易也更安全的选择。尽管在大部分结构信用机构的证券投资中次贷的占比较小，但谨慎的投资者甚至从不大可能有次贷的机构抽回资金。这种融资压力随后传导到支持这些机构的或向这些机构提供融资担保的主银行。银行间短期融资变得困难，成本也提高了。在随后的几个季度里，全球货币市场的不稳定性恶化，对一系列金融市场和金融机构的正常运行构成日益严重的威胁，这限制了资金向非金融部门的流动。最终，一系列金融市场和金融机构的混乱导致金融秩序混乱，造成比次贷损失本身更大的破坏。

由于有 1 万多亿美元的次贷余额，但与全球金融市场巨大的规模比较来看，次贷的潜在损失自身显然不足以引发如此大的危机。实际上，每天全球股票市场波动所导致的损失或盈利总额也经常超过所有次贷的损失。从根源上来说，金融体系的弱点和政府缺乏危机应对工具等因素综合在一起，才是危机愈演愈烈以及对经济构成毁灭性打击的主要原因。

1.2.2　私人部门的弱点

（一）影子银行体系缺乏"最后贷款人"

影子银行（Shadow Bank）是除了受到监管的存款类机构（商业银行、储蓄

---

① 参见 Gary Gorton（2008）的《2007 年的恐慌》（*The Panic of* 2007），该论文提交给 2008 年 8 月 21—23 日在 Jackson Hole 由堪萨斯城联储举办的"在变化的金融体系中维护稳定"的研讨会。论文网址：www. kansascityfed. org/publications/research/escp/escp－2008. cfm。

机构和信用社）外的将储蓄引向投资的中介金融机构，包括证券化机构、ABCP机构、货币市场基金、投资银行、按揭公司和其他各种机构等。在危机前，影子银行体系越来越在全球金融中发挥主要作用。在危机发生前，影子银行体系以及一些大型全球银行已经越来越依赖各种形式的短期批发融资。由于缺乏长期、稳定的资金来源，影子银行容易发生资金抽逃，这与存款类机构在创设存款保险制度之前的资金抽逃很相似。对资金抽逃的恐慌使资金抽逃至少在一定程度上是自我实现的。

资金抽逃风险的增加导致金融机构窖藏流动性，比如，通过将资产转换为诸如国债这样的高流动性资产。流动性压力使金融机构不大愿意向其他企业提供资金。而在正常情况下，美联储只向存款类机构提供流动性，仅是在异常和危急的情况下才有权向非存款类机构放贷。[1] 这样，在危机演变到相当严重以前，美联储不能直接向非存款类机构提供流动性，即在现有的制度安排里缺乏影子银行的"最后贷款人"功能。

（二）风险管理水平较差且不能跟上金融创新的步伐

危机的爆发显示了私人部门在风险管理和风险控制上存在许多重大缺陷。比如，在危机前包括次贷在内的按揭贷款发放标准明显恶化；商业地产贷款发放标准软化以及商业地产贷款放贷者的集中度风险和其他风险管理薄弱；投资者过度依赖信用评级，特别是在结构信用产品上；许多大型机构对包括表外敞口在内企业的整体风险敞口的分析能力不足。主要金融机构风险管理的薄弱导致风险分散不充分，损失高度集中，从而威胁了金融机构的稳定。

私人部门风险管理也不能跟上金融创新的步伐。一个重要的例子是传统的发起—分销（Origination – and – Distribution，O&D）商业模式扩展到了证券化信用产品（见图 1.10）。

---

① 《美国联邦储备法》第 13 条第 3 款规定：在异常和紧急的情况下，在不少于 5 个成员的赞同下，联邦储备银行理事会可以授权任何联邦储备银行在前所提及的理事会可以确定为这种情况的时期，以根据本法案第 14 款 d 所确定的贴现率，用本票、商业汇票和银行汇票——当这些票据、汇票和外汇存单是背书的或被确保满足联邦储备银行可提供贴现的条件，可以决定向任何个人、合法企业或公司提供贴现。在用这些票据、汇票和外汇存单向这些个人、合法企业或公司不能从其他银行机构取得信贷。所有这些向个人、合法企业或公司的贴现必须受联邦储备银行理事会规定的限制、限定和监管的约束。

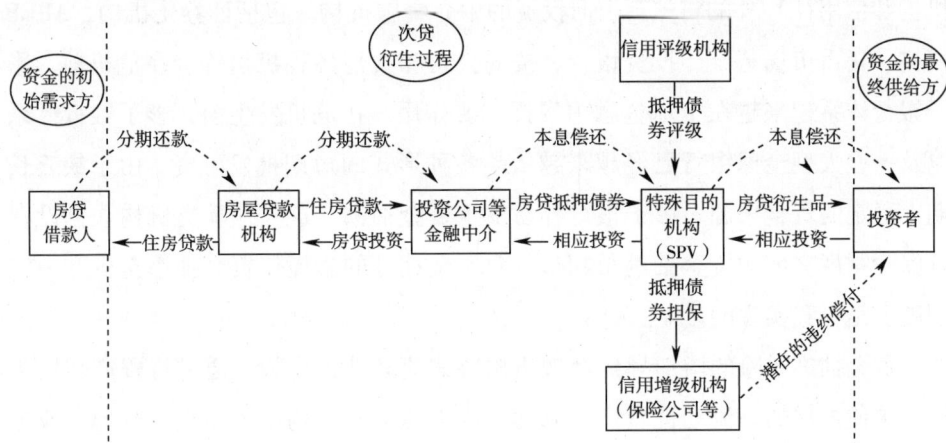

资料来源：朱太辉（2010）。

图1.10　次贷的发生和衍生过程

多年来这种模式产生了包括降低信用成本和使中小借款人更容易进入资本市场融资在内的巨大效益。但是，通过这种模式为次级贷款融资时，风险没有得到有效控制。

（三）杠杆率不能准确反映实际杠杆水平

传统的杠杆率计算方式没有表明危机前金融部门的整体杠杆率过高。比如，尽管在2001—2006年美国商业银行的股权资本与资产的比率普遍有所上升，但资本的质量下降了。比如，无形资产的份额增加，这导致在危机中实际吸纳损失的资本经常大大低于会计准则的要求；还有，许多衍生品合约将资产负债杠杆嵌入衍生品结构，以至于衍生品投资者的杠杆率比他们的资产负债表所显示的要高。

杠杆率顺周期性较强，这在家庭购买住房和对冲基金、券商等机构的融资业务中表现得尤为明显。

（四）衍生品过于复杂和多样

金融机构难以充分评估它们自己的衍生品净头寸，也难以与交易对手或监管者就这些衍生品头寸的性质和范围进行沟通，由此导致的不确定性进一步打击了市场信心，流动性压力增大。

14

1.2.3　公共部门的缺陷

（一）金融监管存在重大的监管缺陷导致金融体系风险积累

法制和监管框架的薄弱意味着许多金融机构受到的监管实际上是不足的，导致金融体系风险积累。比如，证券和交易委员会（the Securities and Exchange Commission，SEC）对证券控股公司进行管制，但仅通过选择参加（Opt－in）的方式，这缺乏法制监管体制的强制性。在危机中，大型证券控股公司面临严重的损失风险和融资困难，贝尔斯登和雷曼兄弟这样大型的金融机构的不稳定严重损害了金融体系。类似地，AIG 的保险业务受不同的州和国际保险业监管者监管；AIG 作为一个储蓄控股公司，受储蓄监督办公室（the Office of Thrift Supervision）监管。然而，公共部门对导致该公司主要损失的从事衍生品交易的 AIG 金融产品部的监督实际上极其有限。

金融监管集中于单一的金融机构或金融市场的安全性和稳健性上，缺乏系统性风险的监管。然而，在美国和大部分其他发达经济体，没有政府机构有足够的职权——现在常称为宏观审慎职权——去采取行动以限制系统性风险，也就是说，公共部门对系统性风险积累反应不足。

公共部门对银行业监管职权的分割导致监管漏洞。《金融服务现代化法案》要求美联储在对银行控股公司的监管上尽可能听从银行控股公司下属分支机构功能监管的主监管者。比如，对全国性银行分支机构的监管要求美联储听从货币审计署（Office of the Comptroller of the Currency，OCC），而对券商分支机构的监管则要求听从 SEC。《金融服务现代化法案》的这些要求使任何单一监管机构都难以可靠地理解大型、复杂银行控股公司的经营活动和风险状况的全貌。另外，对包括各种特殊目的机构、ABCP 机构、对冲基金和非银行按揭发放公司在内的影子银行缺乏持续有效的审慎监管。

（二）政府危机管理能力欠缺

一旦危机发生，政府采取及时、有效的行动以控制金融混乱及其对经济的影响是至关重要的。除了存款类机构外，在美国政府中没有任何一家机构拥有合法的职权去清算经营失败的非银行金融机构，现行的《破产法》仅关注于债权人权益，而不是经济金融稳定。另外，也缺乏成形的模式向诸如券商、货币市场共同基金或特殊目的机构等影子银行提供短期融资制度安排。

1.2.4 "大而不倒"

"大而不倒"机构是指一个规模、复杂性以及与其他公司的关联性达到这种程度的机构——如果该机构意外地进入清算，经济金融体系的其余部分将面临严重的负面后果。在危机中，雷曼兄弟的倒闭和几个其他大型复杂机构的几近倒闭，使金融市场混乱、信贷投放阻塞、资产价格大幅下降和信心受到打击，严重恶化了危机。

1.2.5 全球经济失衡

伯南克否认货币政策与资产价格泡沫周期之间存在相关关系，而是认为全球经济失衡以及国际资本大量流入导致了资产价格泡沫（Bernanke，2008）。

巨额且持续增长的美国经常账户赤字与房产泡沫一起在 2006 年达到顶点，美国经常账户赤字使市场利率走低。伯南克认为贸易赤字要求美国从海外融资，这使债券价格上扬、利率下行。

伯南克认为在 1999—2004 年，美国经常项目赤字增长了 6 500 亿美元，占 GDP 的比重由 1.5% 上升至 5.8%。为这些赤字融资需要从海外大量借钱，资金大部分来自贸易盈余国家，比如亚洲新兴经济体和石油输出国。伯南克称这些国家"储蓄过剩"。美国用资本项目下的资本流入来平衡经常项目赤字，这样，巨额且持续增长的资本流入美国（见图 1.11）。

海外资本以各种方式流入美国金融市场。首先，海外政府以购买美国国债的方式提供资金；其次，美国家庭运用海外资金进行消费或抬高房价和金融资产价格；最后，金融机构利用外国资金进行按揭支持证券的投资。这些资本流入对美国各种不同资产产生需求，导致这些资产价格上升、利率下降。

美国以外国家持有美国国债余额从 2000 年初的 10 850 亿美元上升到 2007 年底的 23 532 亿美元，上涨了 1.17 倍（见图 1.12）。其中，中国持有美国国债大幅上涨，由 2000 年初的 714 亿美元上升到 2007 年度的 4 776 亿美元，上涨了 5.69 倍（见图 1.13）。

海外资本大量流入美国，导致美国国债长端收益率大幅下降（见图 1.14）。

亿美元
%

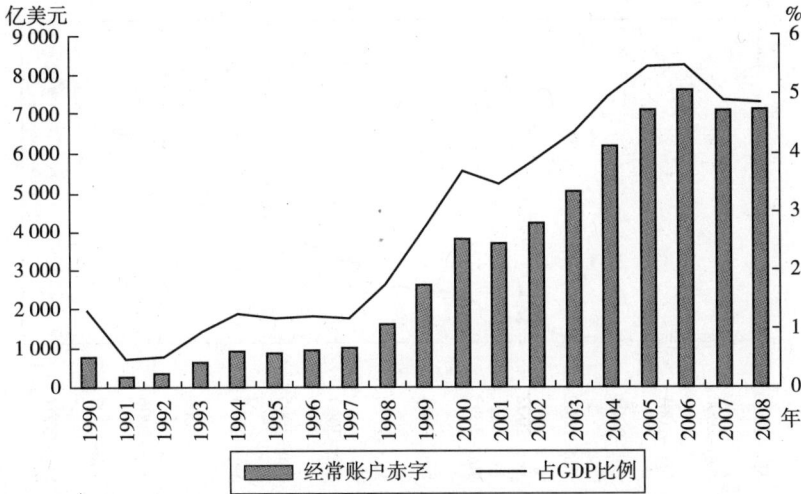

注：年度数据。

资料来源：美国财政部网站。

图 1.11 危机前美国经常账户赤字及占 GDP 比例

10亿美元

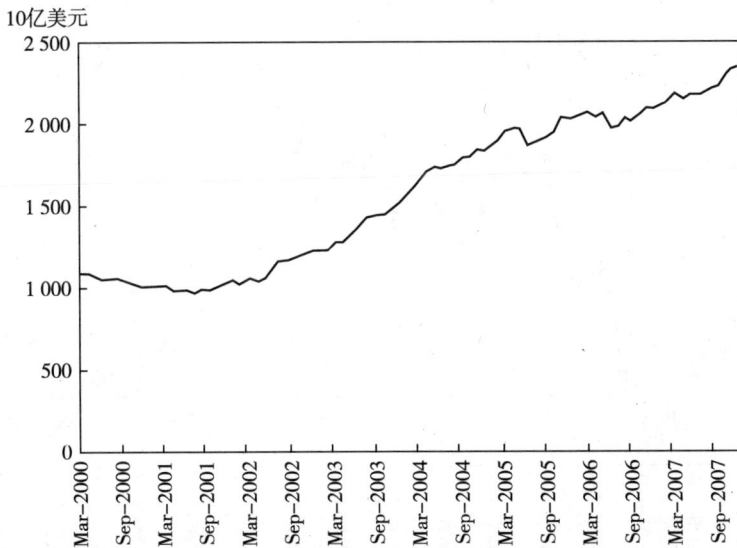

注：月度数据。

资料来源：美国财政部网站。

图 1.12 美国以外国家持有美国国债余额：2000—2007 年

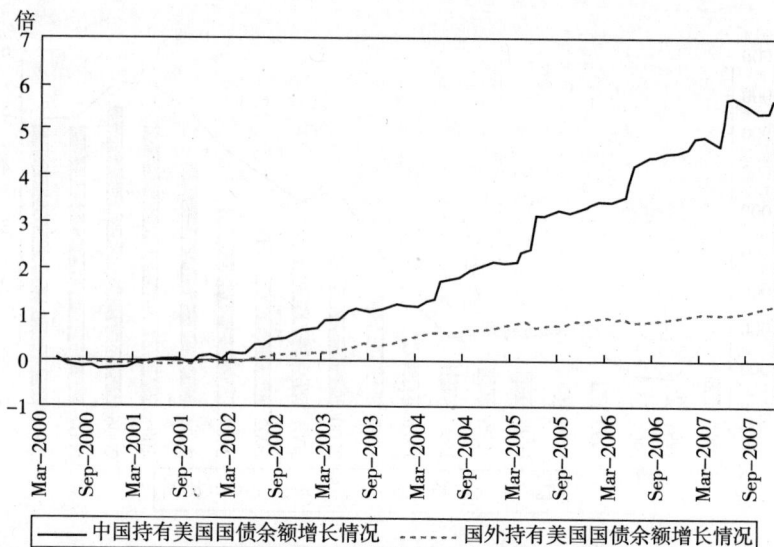

注：月度数据，以 2000 年 3 月为坐标原点，纵坐标为余额增长的倍数值。

资料来源：由作者根据美国财政部网站数据计算后得出。

图 1.13　中国与美国以外国家持有美国国债余额增长情况：2000—2007 年

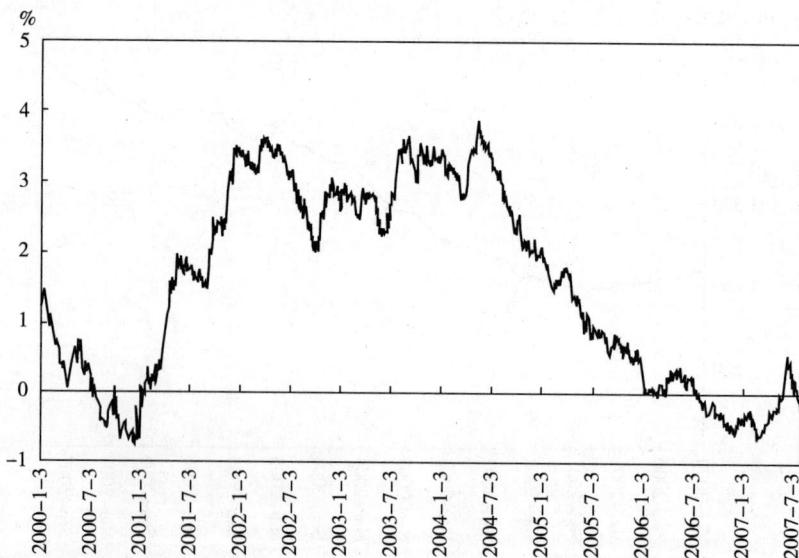

注：日数据。

资料来源：路透社。

图 1.14　次贷危机前 10 年期与 3 个月期美国国债收益率差值

1.3　金融危机的形成

次贷危机作为一种金融危机，在形成机理上必然有与其他金融危机的共性；但同时，作为金融危机的新形式，又有其形成的独特因素。本部分将分别予以分析。

1.3.1　金融危机形成的共同机制

次贷危机作为一种金融危机，在危机形成的原因上必然具有与以往金融危机的共性，这种共性是机制性的，内在于金融体系。历次危机已经证明，金融危机的根源在于经济金融状况良好时期风险承担（Risk－taking）以及信贷扩张的过度，而这种过度状况往往被强劲有力的经济增长所掩盖。当经济难以承受这种过度时，这种过度对金融所导致的伤害就会充分展现出来，导致金融动荡，而金融动荡反过来又导致经济的进一步恶化。风险承担的过度往往以发生危机的方式释放。

在过去的几十年中，金融市场的一个显著特征是信贷和资产价格"繁荣萧条周期性"的增强，这种周期性是金融体系内在具有的。Borio 等人（2001）说明了对风险的认知、风险承担意愿等都会随经济波动而变化。存贷差、资产价格、银行内部风险评级以及诸如贷款预期损失的会计测算等都是顺周期性的，这些顺周期性行为与实体经济的运行相互作用，放大了经济波动。在经济上升期，借款者会越来越容易获取贷款，资产价格越高，然后这些高价的资产作为抵押品又可以获取更多的贷款；反之则相反。

上述金融体系的周期性是一种常态，进一步地，金融体系具有潜在的倾向使金融持续、显著地偏离长期均衡，即金融失衡，随后以金融动荡的方式释放金融失衡，从而导致金融的过度繁荣和萧条，周期性波动过大。金融失衡及其释放被定义为是金融体系的"过度顺周期性"（Excessive Procyclicality），是高度非线性的，这是当前金融体系的潜在特性（Borio et al. , 2001；Goodhart, 2004）。

已经有很多文献对这种过度顺周期性进行解释，大致可以归纳为以下四个方面（Borio, 2007a）：第一，信息的非对称性。这困扰了所有的金融活动，特别是资金的最终使用者和资金提供者之间或者是交易双方之间，导致了利益冲突和委托—代理问题，而签订合约只能部分地解决该问题。第二，风险评估的局限性。现有的风险评估技术很难判断风险随时间推移的变化情况，特别是将金融体系作为一个整体来评估风险时更是如此（Borio et al, 2001）。第三，降低风险承担水平激励的局限性。除了上述信息非对称导致的利益冲突外，还有羊群效应、协同失败和囚徒困境等问题。这表明即便是风险已经被认知，由于投资者暂时的痛苦不能被未来潜在的收益所抵消，投资者就不会从这种利益冲突中脱身。第四，在金融体系内和金融体系与实体经济之间存在很强的自增强反馈机制。在其他行业，增加供给通常导致均衡价格下降，从而自发地重新均衡；而在金融业，增加资金供给达到某一点后，通过融资条件变得更富有吸引力、资产价格上扬而导致对资金的需求增加，因而，在某种意义上，更多的资金供给最终产生对资金更多的需求。

上述分析的含义是简单的。由于金融体系的过度顺周期性是高度非线性的，风险的积累就特别难以把握，而尾部风险的积累产生了稳定的假象。① 在风险积累的过程中，金融体系似乎越来越强健，表现为能支持较高的资产价格和较低的风险溢价。但是，实际上，资产价格的飙升提高了随后反转的可能性，而金融体系的高财务杠杆增加了这种反转的损失程度。

次贷危机的爆发就是金融体系过度顺周期性的表现。Demyanyk 和 Hemert（2007）利用美国 2001 年以来的次贷市场数据进行的实证研究验证了这一点。他们发现：次贷市场的演变与传统的信贷繁荣—萧条周期极为相似，次贷市场的爆炸性的、不可持续的增长导致了其自身的崩溃，即次贷危机。Reinhart 和 Rogeff（2008）将次贷危机发生前几年的经济、金融数据与历史上各国的重大危机进行比较，结果表明它们具有很多相似性。

---

① 尾部风险是指当投资组合的回报落在偏离均值三个标准差之外的概率大于正态分布所显示的概率时的投资风险。通常，投资组合的回报呈现正态分布，其落在均值和三个标准差之间的概率为99.97%。这意味着偏离均值三个标准差以上的概率仅为0.03%，这基本上是可以忽略不计的。然而，尾部风险的概念表明投资回报的概率分布不是正态的，而是有偏的（Skewed），即厚尾（Fat Tail）。厚尾增大了投资回报偏离均值三个标准差以上的可能性。显然，由于金融数据的厚尾，用正态方式来评估投资回报低估了实际的尾部风险。从不是严格的统计学意义上讲，有时尾部风险仅仅是指极端小概率事件。

1.3.2　次贷危机形成的独特原因

次贷危机区别于以往危机的最突出特点是信贷结构产品（Credit Structured Products）和发起—分销（Origination – and – Distribution，O&D）的商业模式在危机形成中所起的作用。前者与金融产品的特性有关，后者与金融产品是如何产生以及如何在金融体系内分布有关（吴培新，2008d）。

（一）信贷结构产品

信贷结构产品作为信用风险转移的新工具，近年来发展迅猛，其有三个特性与金融动荡紧密相关。

首先，信贷结构产品的回报是高度非线性的（Fender et al.，2008）。在经济景气时它们通常有稳定的收入流，但在经济不景气时却导致巨额损失。也就是说，它们对诸如资产价格、收入等经济周期的系统性因素相当敏感，而这敏感性是高度非对称的，并具有强门限效应（Threshold Effect），[①] 导致投资者在经济景气时难以对经济不景气时该产品的收益（损失）情况作出准确预测。

其次，信贷结构产品的风险分布与传统债券有很大不同，具有更大的尾部风险。正如早在次贷危机发生以前一系列的文献（比如 CGFS，2005；Fender 和 Mitchell，2005）所强调的，如果债券与结构产品有一样的期望（平均）损失（或违约概率），那么，结构产品就有高得多的巨额损失概率（也即有更高的非期望损失或尾部风险）。由于信用评级仅仅覆盖了期望的损失或违约概率，由此，信用评级将极大地误导投资者有关这些产品的风险分布推断。

最后，对信贷结构产品未来违约和风险分布状况的建模有巨大的不确定性（Fender and Kiff，2005；Tarashev and Zhu，2007）。这是由于当前建模技术的局限性，特别是在这些产品的数据历史较短的情况下，难以估计模型参数。

上述三个特性在风险承担的积累和金融动荡时期都发挥了作用。在风险承担的积累时期，它们可能导致投资者不能充分认识产品的风险性，导致实际的

---

① 门限效应是指当某一指标达到某一临界值后突然出现剧烈的状态变化，而在此之前并没有预警。比如，经过数年的管理不当后，投资者毫无征兆地一夜之间对金融体系失去信心。

风险承担过度[①]，即金融失衡；而在动荡时期，这些特性使投资者遭受的损失远较预期的要大，超出了其可承受的幅度，而使其信心丧失，市场流动性迅速消失，从而导致金融混乱。

（二）发起—分销（O&D）的商业模式

O&D 模式是投资银行的核心，多年来其支撑了贷款业务的增长。在次贷危机中，这种模式扮演了极其重要的角色，这是由于：一是这种模式是高度证券化的抵押贷款市场的基础（Frankel，2006）；二是这种模式鼓励设立特殊目的载体（SPV）[②]，而 SPV 往往是结构产品风险暴露的集中之处。

这种商业模式也在风险承担的积累和随后的金融动荡中发挥作用。在风险承担的积累时期，这种模式可能导致风险定价过低。比如，O&D 链条中激励机制存在潜在的扭曲和冲突[③]。具体而言，由于贷款发起者最终要出售而不是持有他们发放的贷款，他们在做这些信贷时，筛选优质客户的动机就减弱，房贷标准放松[④]，甚至出现欺诈性、掠夺性的住房贷款；从贷款的发放到最终的投资者之间长而又复杂的链条（发放者、经纪人、载体主办者、担保人、评级机构、备用流动性提供者和资产管理者等）使相关的责任分散，并存在潜在的利益冲突，相关各方为了各自的利益而使风险不能充分暴露[⑤]，导致风险定价过低。另外，由于风险从表面看来已经在金融系体系内分散，O&D 模式可能导致信贷的过度扩张[⑥]。

当失衡释放时，在金融体系内风险点位置模糊的情况下，市场参与者难以信任交易对手，恶化了市场参与者的信心危机，从而不愿意参与、持有任何相关金融产品，市场流动性迅速大面积下降。

---

① 从另一个角度来看，风险承担过度就是风险定价过低。

② 部分原因是为了节省风险资本和增强资产负债的流动性。

③ Ashcraft 和 Schuermann（2008）对次贷证券化过程及其利益冲突进行了详尽细致的分析。

④ Dell' Ariccia 等人（2008）的首创性实证检验表明，房贷标准的放松与信贷的超常增长、房价的过快上涨以及按揭贷款的高证券化率等关系紧密，呈现正相关关系。这些结果与金融加速器模型所揭示的理论是一致的，表明了信贷的超常增长与金融不稳定之间的紧密关系。

⑤ 比如评级公司为得到评级业务而牺牲评级的公正性。

⑥ 实证检验表明，金融中介资产的证券化程度和它们的信贷增长之间存在正向相关关系（Altunbas 等人，2007）。

在次贷危机中，一个显著的特征是证券化产品的大规模重新中介化浪潮，即由银行表外转入表内，信贷结构产品和O&D模式的结合可以在很大程度上解释这种现象。

1.3.3　次贷危机演化为经济金融危机的机理

次贷危机首发于次贷市场，然后在金融体系内蔓延，并向实体经济传染（吴培新，2009）。

（一）次贷危机在金融体系的蔓延

实际上，相对于全球金融市场，次贷市场的规模很小——截至2006年末，美国次级房贷的总额为6 000亿美元，占全部房贷的20%或者全部商业银行资产的6%；所有已经出问题的次贷的总额，也仅仅占到银行资本的3%。但是，次贷问题却导致金融体系的巨大反应，引发了全球金融体系的动荡和信贷紧缩，形成所谓的次贷危机。这主要是由下列因素导致的（Bernanke，2008）。

1. 次贷损失导致投资者在更大范围内重新评估信贷风险，不愿意再接受任何类型的风险。

2. 次贷损失导致投资者对更大范围的金融资产估价的不确定性增大，比如，次级贷款常与其他类型的贷款组合成结构性信贷产品。

3. 由于结构性信贷产品的复杂性，投资者高度依赖于评级机构的评级；而次贷的损失导致投资者对评级的可信度产生怀疑，从而不愿意持有即使是不含次贷产品的结构性信贷产品。

4. 投资者信心的丧失，不仅体现在与次贷相关的产品上，也蔓延到了其他资产。

5. 尽管很多金融资产是在资本市场上直接融资的，但银行仍发挥了重要作用，比如营销、财务顾问服务、提供备用流动性贷款和各种信用增级等；危机爆发后，银行不得不把这些表外资产转入表内，并计提准备金以应付可能发生的损失，银行资产的扩张和损失的上升，导致其资本充足率下降，这促使银行变得保守，不大愿意对外提供资金；同时由于信用差价扩大而使市场利率上升，也将危及经济增长。经济增长风险的增大反过来进一步恶化金融市场。

（二）次贷危机向实体经济传染

金融市场和宏观经济之间存在紧密联系，金融动荡将导致宏观经济的波动、收缩。次贷危机对宏观经济的影响主要是通过以下方式传导的。

1. 资金成本的提高。在危机时期，金融市场不确定性较大，市场的风险定价大幅提高，即信用差价扩大，市场利率急剧上升。这导致借贷者的借贷成本上升，信贷市场和宏观经济收缩。

2. 资金的可得性减少，信贷紧缩。银行要将发生拖欠或违约的房贷赎回，将原本已经是表外的资产转入表内，并对这些不良贷款进行计提呆账准备金，减少了资本金，这导致资本充足率下降。银行通常以缩减信贷规模来应对，从而导致投资支出和经济活动水平下降。

3. 金融危机和宏观经济之间的非线性的金融加速器机制。根据金融加速器理论（Bernanke and Gertler，1989；Bernanke，Gertler and Gilchrist，1996，1999），金融动荡将溢出到实体经济，引起投资和消费支出的减少，经济活动收缩；进一步地，经济收缩通常导致资产价格的更大不确定性，加剧金融市场的动荡，导致宏观经济的进一步恶化。依此类推，循环作用。这就是金融动荡和经济活动收缩之间的反馈机制。

1.4 金融危机的爆发

一般而言，金融动荡表现为对积聚在金融体系内的信用风险的大幅度重新定价，导致市场流动性消失，反过来，市场流动性的消失又恶化了信用风险。从次贷危机来看，在经过前些年较长时期广泛而激进的风险承担后，这次的风险重新定价以美国次级住房抵押贷款市场作为最初的震源。由于诸如结构信贷之类的新产品以及风险敞口在金融体系内分布的模糊性，使市场参与者难以判断自身以及市场上其他参与者风险敞口的规模和性质，导致了对风险估值的信心危机；这种信心危机引发相关投资产品的市场流动性和疑似受损机构融资流动性的丧失。这加大了风险重新定价的幅度。

从市场表现看，发生金融动荡时，金融市场不确定性增大，信息不对称程度增大，因而，放贷人不大愿意放贷，市场流动性短缺，市场要求对风险的补偿水平大幅提高，即市场利率急剧上升，信用差价扩大，造成金融不稳定或金融危机。这是所有金融危机的共同特征（Mishkin，1991；2008b）。在次贷危机演变为全球性金融危机的过程中，全球各地区、各金融市场均出现了巨幅震荡，从美国国内的金融市场扩散至全球金融市场，形成了系统性的全面金融危机。

1.4.1 金融危机对美国金融业的影响

VIX 指数（Volatility Index）被普遍用于衡量投资者对后市的避险情绪的高低。VIX 指数高于 20 点时，表示市场参与者预期后市波动程度会更加激烈，同时也反映其避险的心理状态；如果 VIX 指数低于 20 点，则反映市场参与者预期后市波动程度会趋于缓和。因此，VIX 又被称为投资人恐慌指标（the Investor Fear Gauge）。当 VIX 异常高或低时，表示市场参与者陷入极度的恐慌而不计代价地买进看跌期权或是过度乐观而不作任何避险操作。

图 1.15 显示的是自 2000 年初以来至 2009 年 6 月末的 VIX 指数走势情况。可以看出，VIX 指数一般在 10 ~ 30 之间波动；尽管期间经历了亚洲金融危机、俄罗斯债务违约、"9·11"恐怖袭击以及科技股泡沫破裂等事件，指数都没有

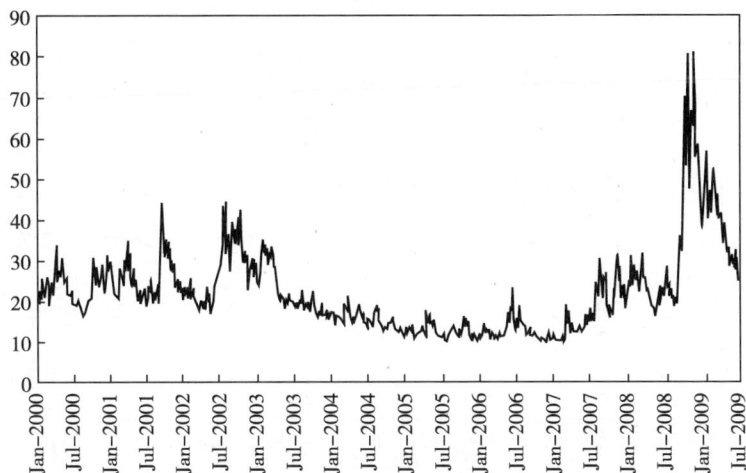

注：日数据。

资料来源：路透社。

图 1.15　VIX 指数：2000 年 1 月至 2009 年 6 月

超过 45 点。但从 2008 年 9 月 15 日起，延续到 2009 年 5 月末，指数持续超过 30 点，最高值超过了 80 点，这表明，在这段时期，市场持续处于恐慌之中（见图 1.15）。

下面分析金融危机对美国金融业的影响。

（一）银行间同业市场活动停滞

隔夜指数互换（Overnight Indexed Swap，OIS）是交易一方支付某个固定利率来交换另一方在互换合约期内隔夜利率几何平均的利率。隔夜利率通常是银行间无担保隔夜利率，如美元的联邦基金利率、欧元的欧元隔夜利率等。由于交易对手方风险极低，OIS 的固定利率通常被认为是比银行间同业拆借利率（Libor）风险更低的利率。

Libor - OIS 利差是 Libor 与 OIS 利率之间的差异，这一利差被认为是衡量银行系统健康状况的指标，也是衡量货币市场风险和流动性的重要指标。从历史上看，这一利差通常为 10 个基点。利差走高，表明银行向外拆借的意愿减弱。

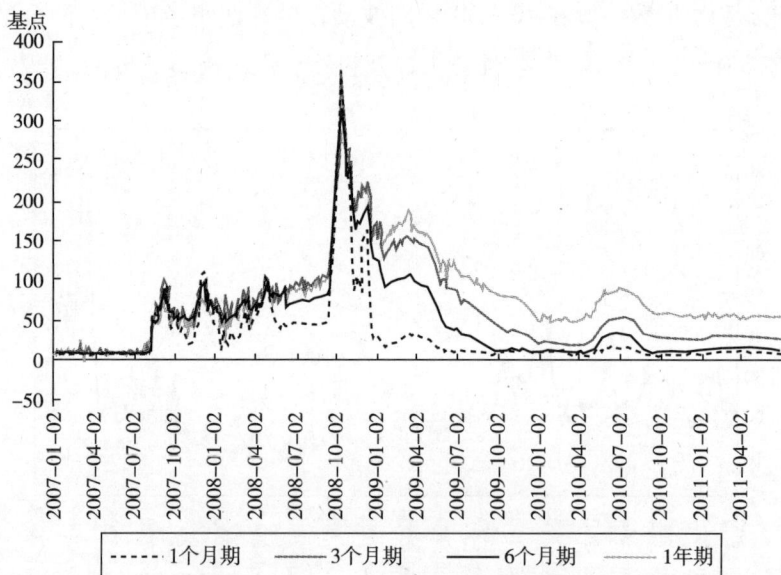

注：日数据。

资料来源：彭博资讯和路透社。

图 1.16　美元 Libor - OIS 利差：2007 年初至 2011 年底

在 2008 年 10 月，3 个月期 Libor－OIS 利差曾一度达到 364 个基点，这表明发生了"信用恐慌"；随后振荡下行，在 2009 年 1 月中旬降至 100 个基点以下，在 2009 年末回落至 10～15 个基点。显然，危机时期的高利差表明银行间市场活动的停滞（见图 1.16）。

（二）货币市场基金规模缩减

美国货币市场基金规模在 2008 年底达到 3.76 万亿美元后显著下行（见图 1.17）。

亿美元

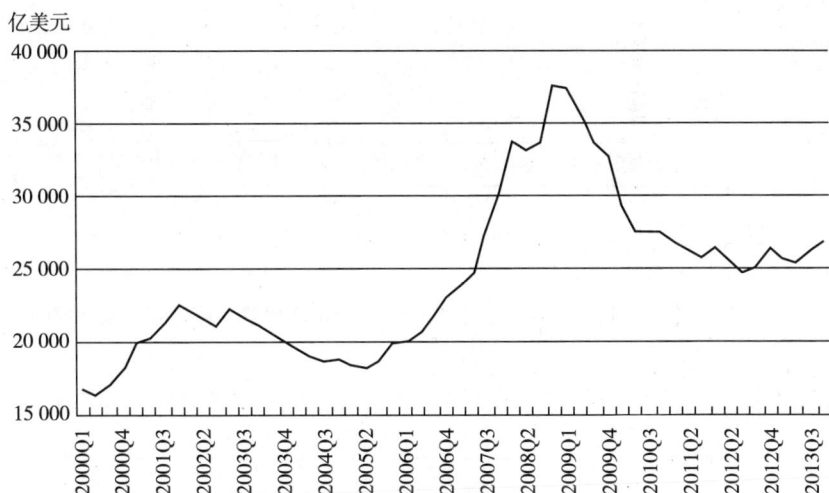

注：季度数据。

资料来源：美联储。

图 1.17　美国货币市场基金规模：2000—2013 年

（三）商业票据发行停滞

商业票据市场是美国企业重要的短期资金融资来源。商业票据市场运行情况可以用商业票据利率与 OIS 之间的利差来表示，利差走高，表示市场活动减弱。危机期间该利差曾大幅走高。危机缓解后，在 2009 年下半年信用评级较高的票据利率与 OIS 之间的利差基本上回到危机前的水平（见图 1.18）。

商业票据余额在 2007 年 7 月底、8 月初达到近 2.2 万亿美元后就逐步下行，这主要是由非金融商业票据余额减少导致的，这影响了企业短期资金（见图 1.19）。

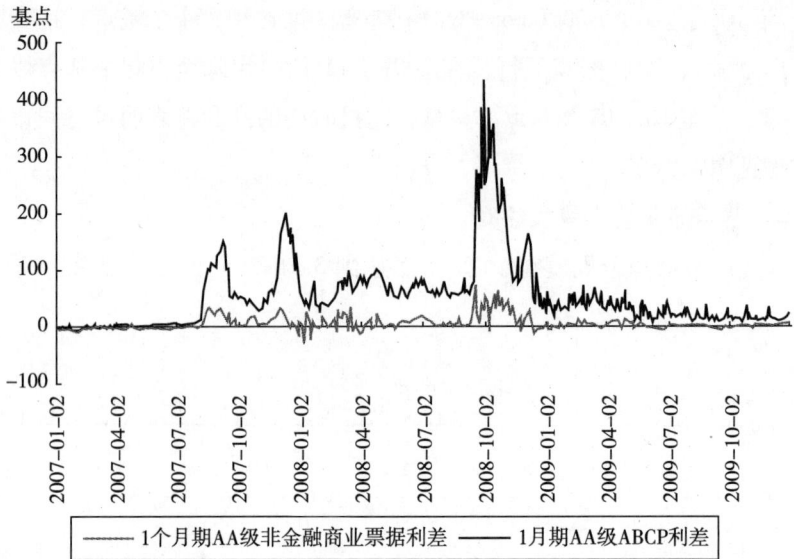

注：日数据。

资料来源：美联储网站。

图 1.18　1 个月期 AA 级非金融商业票据利差和 ABCP 利差：2007 年初至 2009 年底

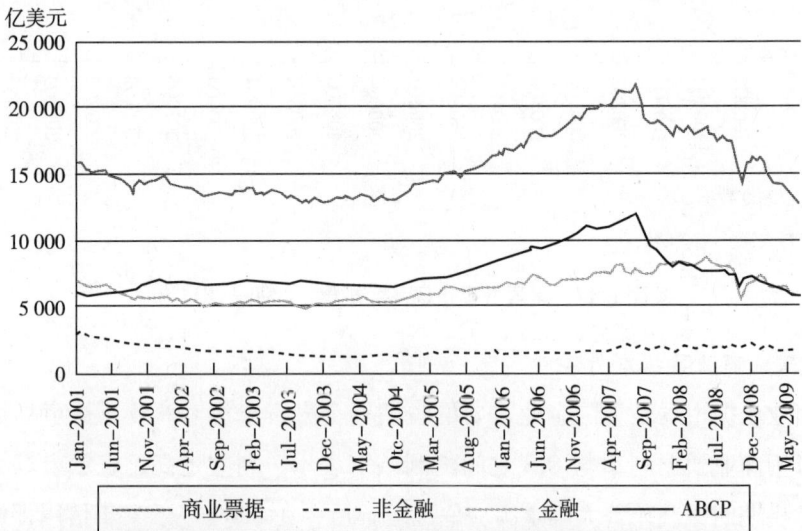

注：周数据；商业票据是非金融商业票据、金融商业票据和资产支出商业票据之和。

资料来源：美联储。

图 1.19　商业票据余额：2000 年 1 月至 2009 年 6 月

商业按揭支持证券是一种中长期债券。投资级别最高的 AAA 级 CMBS 与相同期限 OIS 之间的利差在危机严重时期创历史高位。BBB 级的 CMBS 与相同期限 OIS 之间的利差则在更长时间里处于高位，该类产品的价格低迷，反映了投资者对该类资产持谨慎态度以及对前几年商业按揭证券的承销标准存疑虑态度。这种状况或许要等到这些产品到期兑现后才能改变（见图 1.20）。

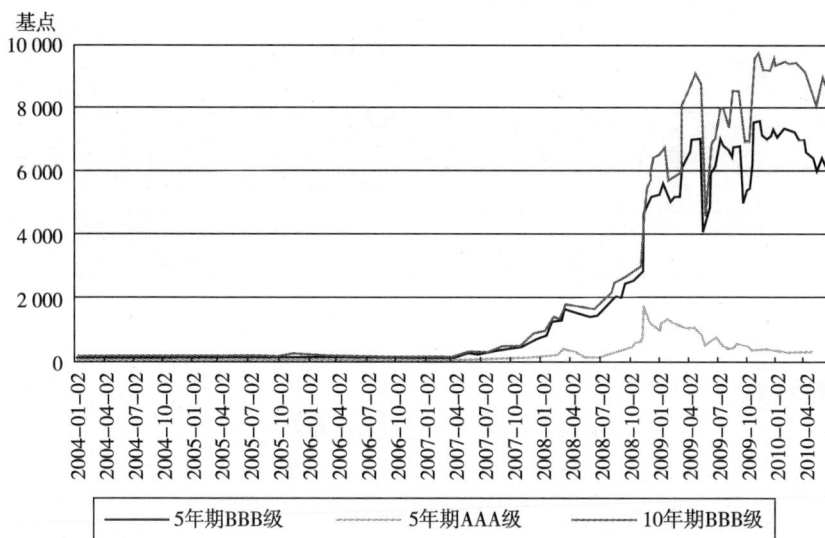

基点

图表横坐标：2004-01-02 ～ 2010-04-02

图例：5年期BBB级　　5年期AAA级　　10年期BBB级

注：日数据。

资料来源：彭博资讯。

图 1.20　不同投资级别和期限的商业按揭支持证券利率与 OIS 间利差

（四）银行信用紧缩

自 2007 年下半年信贷市场趋紧以来，贷款利率与政策利率之间的差价持续走高，表明信贷紧张状况持续加剧（见图 1.21）。

商业银行信贷在 2008 年 10 月达到 9.5 万亿美元的短期高点后下行，直到 2012 年 2 月才回到这一高点（见图 1.22）。

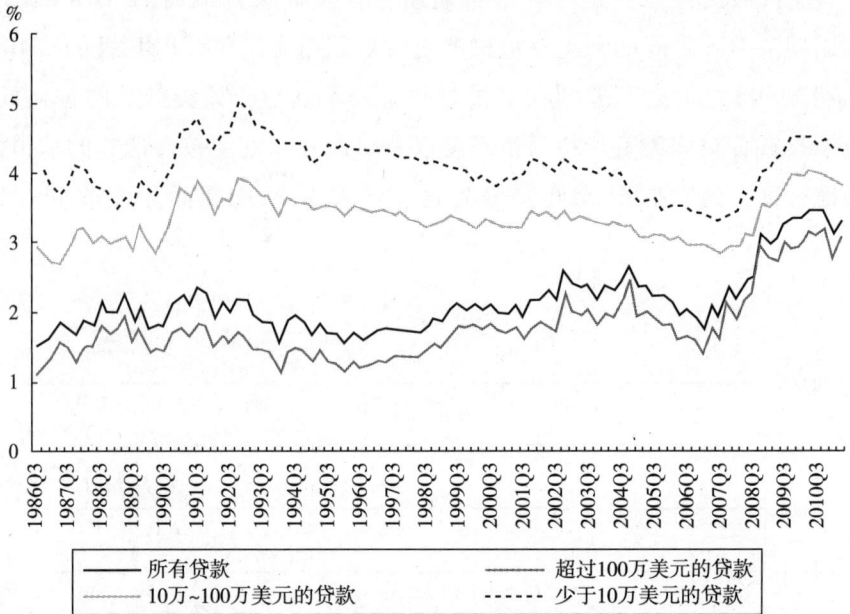

注：季度数据。

资料来源：美联储网站。

图 1.21　银行贷款与美联储政策利率之间的利差

1.4.2　金融危机向全球金融业传导

　　TED 利差（T – bill – Eurodollars Spread，TED Spread）就是欧洲美元 3 个月期利率（一般是 3 个月期 Libor）与美国国债 T – BILL 3 个月期期货合约利率的差值，是反映国际金融市场最重要的风险衡量指标。一般状况下，两者之间的利率波动不致太大。但若市场信用出现状况，或投资者预期会有大幅波动，投资人为了安全起见，会偏向于买进更安全的美国国债，但是收益也会比欧洲美元低很多。另外，银行在同业拆借市场上会更加谨慎地操作，银行间的资金成本也会随之增加，所以最终 Libor 上行，两者间利差变大。当 TED 利差往上行时，则显示市场风险扩大，市场资金趋紧，银行借贷成本提高，也连带提高企业的借贷成本，代表信用状况紧缩。因此可以从 TED 利差的走向上来观察目前市场上信用的状况（见图 1.23）。

亿美元

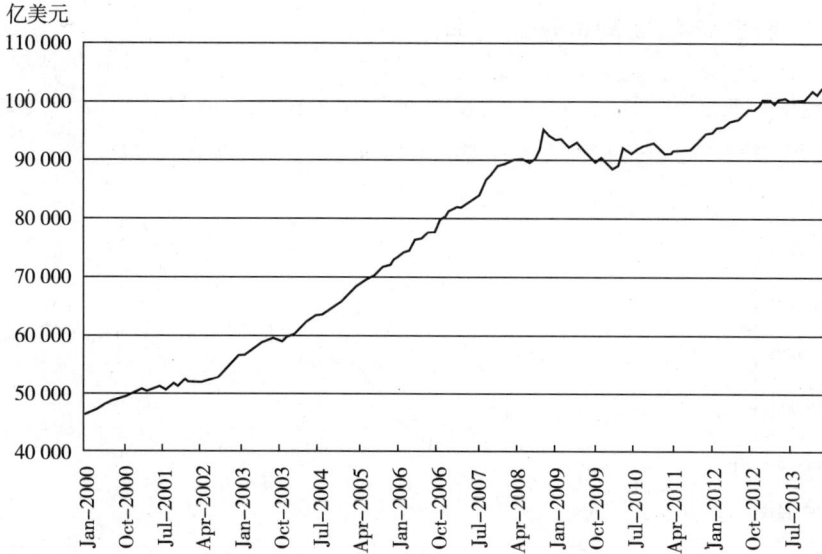

注：月度数据。

资料来源：美联储。

图 1.22　商业银行信贷余额：2001—2014 年

基点

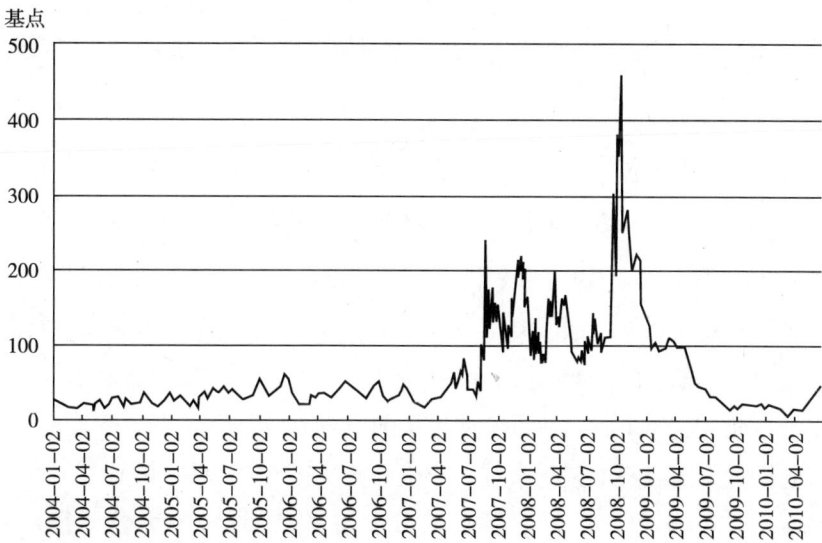

注：日数据。

资料来源：彭博咨询、美联储网站。

图 1.23　TED 利差：2004 年初至 2010 年 6 月

1.4.3　金融危机向实体经济传导

作为实体经济的领先指标，主要金融指标是指流入非金融部门的资金，包括非金融票据、银行信贷和非金融部门的债券发行等（见图1.24、图1.25）。

亿美元

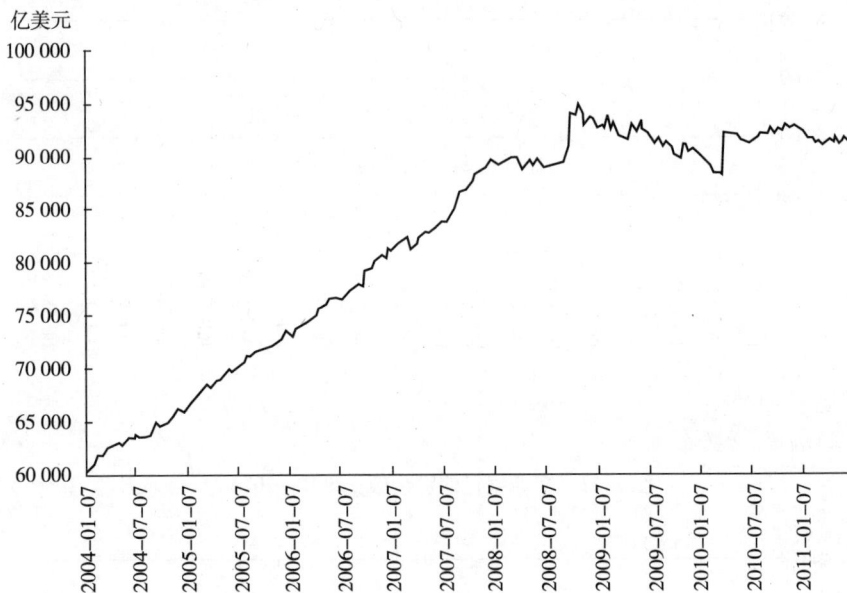

注：周数据；银行信贷为公司信贷和消费者信贷的余额之和。

资料来源：美联储网站。

图1.24　银行信贷余额：2004年初至2011年6月

图1.24、图1.25表明，自危机严重的2008年第四季度以来，非金融部门的银行信贷和商业票据余额呈略有下降态势；而自2006年以来非金融行业的债券发行年度数据依次为3 388亿、4 048亿、3 182亿和4 785亿美元，呈现不规则变化的特征。总体来看，流入实体经济的资金有所下降。

从危机对美国经济的影响来看，危机导致美国经济2009年前二个季度按年率分别增长−5.3%和−0.3%，失业人员大幅增加，失业率大幅上升。从对全球经济的影响来看，代表全球经济85%的G20国家经季调后按购买力平价加权调整的实际GDP自2008年第三季度起连续三个季度环比负增长，这表明在这段时期里全球经济陷入衰退。

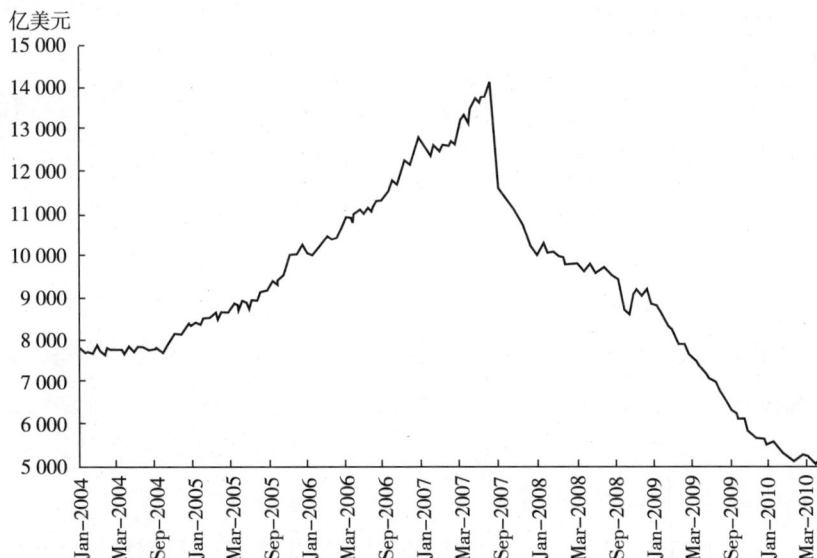

注：周数据；非金融票据余额含非金融商业票据和资产支持商业票据的余额之和。

资料来源：美联储网站。

图 1.25　非金融票据余额：2004 年初至 2010 年 6 月

1.5　小结

2007—2009 年美国经济"大衰退"是由房地产泡沫破裂导致的，并引发了全球性金融危机。通过本章的分析，可以得出以下结论。

1. 美国房地产泡沫的破裂使次级贷款的潜在损失暴露，引发了次贷危机。危机前美国宽松货币政策、住房贷款产品的创新以及 O&D 的商业模式导致房地产市场泡沫，美国住房市场过度繁荣。2004 年下半年开始的加息周期逐步加重了放贷借款者的财务负担，至 2006 年下半年市场难以支撑过高的房价而出现下跌。房价下跌导致次贷潜在损失显现，引发了次贷危机。

2. 金融体系具有过度顺周期性的内在特性。在经济没有明显通货膨胀压力的情况下，风险承担也能逐步积累并导致金融失衡。由于过度顺周期性是高度非线性的，风险承担的积累就特别难以把握，有导致金融失衡的倾向；金融失衡以金融危机的方式释放。从实际检验来看，次贷危机就是金融体系过度顺周期性的表现。

3. 影子银行体系缺乏"最后贷款人"、风险管理水平难以适应金融创新、金融监管存在缺陷（包括私人部门和公共监管部门等在内的缺陷）等导致金融体系在风险积累阶段难以有效甄别、管理风险，在风险暴露后又难以及时化解风险。

4. 形成本轮危机的独特因素是次贷的结构性产品，其具有以下特点：（1）其回报是高度非线性；（2）有更大的拖尾风险；（3）难以对这些产品的未来违约和风险分布进行建模。这些特性导致在风险承担积累阶段难以充分认识风险，风险定价过低；而在金融动荡阶段，导致实际损失远超投资者的预期，恶化了信心危机，市场流动性紧缺。

5. 在风险承担积累时期，O&D 模式导致风险定价过低和信贷过度扩张；在金融动荡时期，由于风险点位置模糊，恶化了投资者信心，从而加剧了危机。

美联储的危机干预政策

自危机爆发以来，美联储综合运用多种政策手段来支持市场流动性，减缓经济下行风险，政策操作激进、灵活，与经济金融正常时期的渐进主义的、规则性的政策操作策略大相径庭；进一步地，随着次贷危机的不断演变和深化，美联储的危机干预措施也突破了以往的危机干预框架，美联储积极大胆地创设了很多危机干预工具，对金融市场及金融机构进行了积极干预。应对金融危机的政策操作及其理念有其开创性和独特性。正是在美联储的积极、正确、有效的干预下，市场没有进一步恶化，从而避免类似于 20 世纪 30 年代的"大萧条"重现。

本章分五节。第一节分析危机时期金融市场和宏观经济风险，第二节梳理美联储危机干预的各种政策手段，第三节讲述各种放贷便利的抵押品和利率要求，第四节讲述危机干预手段的风险管理，第五节为本章小结。

2.1 危机时期金融市场和宏观经济风险

如果仅从美联储所肩负的目标本身来看，金融稳定似乎并不是其关注的范围。但是，一旦金融体系失灵，将导致信贷紧缩和经济活动的收缩，两者之间关系密切。正是由于稳定的金融体系和稳健的宏观经济运行之间的紧密联系，使得美联储对于保持金融稳定持高度关注的态度（Mishkin，2007b）。因而，维护金融稳定也是美联储的职责，这一职责在危机后得到了重视。

金融市场的信息是不对称的，契约的一方常常比另一方拥有更多（或更少）的信息。比如，借款人通常比放贷人在投资项目的潜在风险和收益上拥有更充分的信息。信息不对称导致两个问题——逆向选择和道德风险。

银行等金融中介机构与客户有长期关系，处于收集借款人信息的有利地位，金融机构之间的激烈竞争也使其具有较强的收集和处理信息的激励，这些中介机构在减少信息不对称方面起着重要作用。近些年来，监管机构提高了信息披露要求，新型金融机构的设立和金融产品的创新等也有益于信息在金融体系内的有效收集和传播。应该说，在通常情况下，金融体系在促使资金流向值得投资的个人和公司方面是有效率的，即金融体系在减少信息的非对称方面是高效率的。

信息流的持续性对于市场参与者合理评估金融产品的价值，即实现市场价格发现功能至关重要。在金融市场紧张期间，信息流可能被中断，价格发现功能受到损害。其结果是，不确定性增大，信用差价（Credit Spread）提高，投资者不大愿意参与市场。

理解估值风险和宏观经济风险，这对于理解金融不稳定是非常重要的（Mishkin，2007b；2008a）。估值风险（Valuation Risk）是指当金融市场信息流中断或紊乱时，某一特定金融资产的收益越不确定，市场对其估价的不确定程度就越大；特别是在产品高度复杂和内在价值相对模糊时，不确定程度更大。比如，在次贷危机中，许多有关次贷的结构性信贷产品由于其潜在损失难以评估，对这类产品的价格就难以准确估计，估值风险较高。

宏观经济风险（Macro-economic Risk）是指随着金融市场动荡的发展，导致实体经济恶化的可能性。根据金融加速器理论（Bernanke and Gertler，1989；Bernanke，Gertler，and Gilchrist，1996，1999），金融动荡将溢出到实体经济，引起投资和消费支出的减少，经济活动收缩；进一步地，经济收缩通常导致资产价格的不确定性增大，加剧金融市场动荡，导致宏观经济进一步恶化。以此类推，循环作用。这就是金融动荡和经济活动收缩之间的负向反馈机制。

金融市场不确定性的增大导致信息不对称程度增大，放贷人难以区分好的借款人和坏的借款人，因而，放贷人不大愿意放贷，市场流动性短缺，市场要求对风险的补偿水平大幅提高，即市场利率急剧上升，信用差价扩大，造成金融不稳定或金融危机。这是所有金融危机的共同特征（Mishkin，1991；2008b）。这将对实体经济造成负面影响，导致投资和消费减少，经济紧缩。在次贷危机中，结构性信贷产品潜在损失的不明朗导致了市场不确定性增大，投资者就从市场抽回资金，借款人失去了资金来源，经济活动收缩。[①]

2.2　危机干预的政策手段[②]

金融危机导致金融市场流动性短缺、市场利率高企。对于实体经济而言，信贷可得性差，信贷成本高，从而制约了实体经济的运行。中央银行为达到稳定经济金融的目标，就需要降低政策利率，并向金融体系提供流动性（吴培新，2008b）。

相对于降息而言，在危机时期，由中央银行向金融体系提供流动性更为重要和有效。这些流动性原本应是由金融中介机构提供的，但在危机时期这些机构不愿提供。这就是 Bagehot 法则。也就是说，为应对金融危机，中央银行应该在有充足抵押品的情况下以惩罚性的利率向能偿还的金融机构自由放贷，以满足由恐慌导致的流动性需求，从而避免恐慌向实体经济转移。这是各中央银行长期以来信奉的危机应对法则。美联储在这次危机应对中也遵循了这一法则。美联储的历次危机干预经验也证明了这种中央银行的"最后贷款人"功能的有效性（Mishkin，2007a）。

进一步分析危机期间中央银行提供流动性的范围。长期以来，尽管商业银行在支付清算服务上仍扮演关键的角色，但信贷增长速度较小，在美国金融活动中的重要性一直处于下降状态。自 20 世纪 50 年代、特别是 80 年代以来，资本市场、投资银行和"影子"金融体系发展迅速，非商业银行资产规模远大于

---

① 伯南克对市场规模很小的次贷市场缘何能引发金融体系的巨大反应作了详尽的分析（Bernanke，2008）。

② 本节内容主要来自美联储网站，http://www.federalreserve.gov/monetarypollicy/bst.htm，该网站是在这次危机期间新设的，是美联储向外界展示危机政策操作动态信息的窗口。

商业银行资产规模（Stella, 2009）。因而，危机时期美联储除了向存款类机构提供流动性支持外，也有必要向非存款类金融机构提供流动性。

美联储的危机干预导致美联储的资产负债表规模快速扩张。在资产负债表规模的扩张上，尽管美联储的危机干预与日本在 2001—2006 年的量化宽松很相似，但两者是有区别——美联储的政策应视为"信用宽松"（Credit Easing）而不是"量化宽松"（Quantitative Easing）（Bernanke, 2009a）。

2.2.1 大幅激进降息

由于金融不稳定基本上可被视作信息的中断，使信息不对称程度加剧，因而，解决的办法也就是恢复中断的信息流（Mishkin, 2007b）。从货币政策操作角度，可以通过向市场注入流动性、降息等手段来降低高企的短期市场利率，降低信用差价，减少信息不对称性，使市场较易收集信息，重新发挥价格发现功能，以加快市场恢复正常。

因而，为使宏观经济尽快与金融动荡相隔离，美联储采取了激进的降息策略（吴培新，2008a）。自 2007 年 9 月至 2008 年 12 月，美联储进行了十次降息，联邦基金利率从 5.25% 下降到 0~0.25% 区间。单次降息幅度有三次为 75 个基点（分别为 2007 年 1 月 22 日、2008 年 3 月 18 日和 12 月 16 日），这是自美联储采用联邦基金利率作为政策操作目标以来从没有发生过的；而将联邦基金利率维持在低利率的 0~0.25% 区间，也是史无前例的（见图 2.1）。

尽管美联储的大幅降息导致市场短期利率下行，在一定程度上缓解了金融紧张。然而，由于信用差价持续扩大、金融机构放贷标准趋严以及信贷市场失灵，美联储的大幅降息尚不足以抵消金融紧张而导致的市场利率上行。特别是金融机构和市场的许多传统融资来源干涸，金融机构发现它们将按揭贷款、汽车贷款、信用卡贷款、学生贷款等贷款证券化的能力受到了极大削弱。这样，除了大幅降息外，美联储还应出台其他措施支持信贷市场、缓解金融紧张。

2.2.2 使公众保持低利率预期

在政策利率已经实质性为零的情况下，中央银行的政策沟通就显得极为重要。

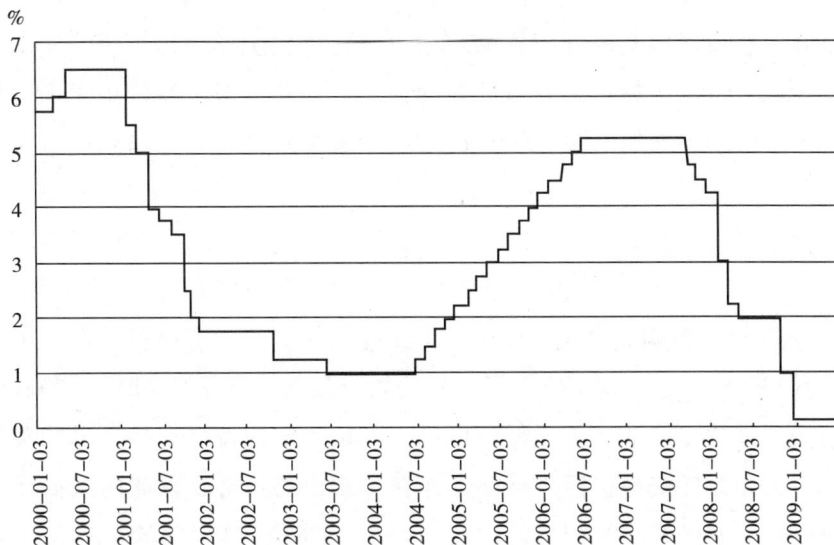

注：日数据。

资料来源：美联储网站。

图 2.1　2000—2009 年联邦基金目标利率

在 2008 年 12 月 16 日的货币政策决议中，美联储就提出，美联储"预计疲弱的经济环境很可能使联邦基金利率在一段时期里保持在超低利率水平"。这一声明将政策预期与经济前景的演化联系在一起。美联储采用与公众沟通的方式来促使公众延长未来低利率的预期，从而降低长期利率，刺激总需求。

2.2.3　大量购买债券

公开市场操作（OMO）是美联储实施货币政策的一个关键工具。美联储利用 OMO 来调节银行准备金余额的供给，以使联邦基金利率保持在由 FOMC 确定的联邦基金目标利率水平上。

自 2008 年以来，美联储实施货币政策的方式发生了极大变化。FOMC 将联邦基金目标利率降至接近于零的利率水平，表明需要数额巨大的准备金才能与 FOMC 的基金利率目标相匹配。大规模公开市场操作使准备金余额大幅增加。

2008 年 9 月 19 日，美联储宣布，为支持市场正常运行，公开市场操作室将开始在二级市场购买联邦机构贴现票据。这些票据是由房利美、房地美和房吉美等联邦政府支持机构发行的短期债务。与在二级市场购买美国国债相类似，这些短期票据的购买在是与美联储一级交易商之间一系列竞争性拍卖后进行的。

特别地，为帮助降低购房成本、增加购房贷款的可得性，以支持住房市场和改善金融市场环境，美联储甚至采取了直接购买资产的方式。2008 年 11 月 25 日，美联储宣布购买高达 1 000 亿美元的从房利美、房地美和吉尼美等机构的债券和 5 000 亿美元由他们保证的按揭贷款支持证券（MBS）。美联储决定支持按揭贷款支持证券美元循环市场，以顺利实现按揭支持证券购买计划的目标。美元循环交易包括购买证券并在将来出售证券，以此向按揭支持证券市场提供短期融资。机构债的购买开始于 2008 年 12 月，MBS 的购买开始于 2009 年 1 月。

2.2.4 创设中央银行间流动性互换

由于银行融资市场的全球性，美联储有时与其他中央银行一起协调提供流动性。在金融危机期间，美联储与一些外国中央银行达成协议，创设临时性的货币互换安排，即中央银行流动性互换（Central Bank Liquidity Swaps）。有美元流动性安排和外国货币流动性安排两个临时性货币交换安排。

（一）美元流动性互换安排

在 2007 年 12 月，FOMC 宣布其已与欧洲中央银行、瑞士中央银行建立美元流动性交换安排，以便向海外市场提供美元流动性，随后又与其他中央银行建立美元流动性交换安排。美联储与以下中央银行达成流动性互换安排：澳大利亚储备银行、巴西中央银行、加拿大银行、丹麦国民银行、英格兰银行、欧洲中央银行、日本银行、韩国银行、墨西哥银行、新西兰储备银行、挪威银行、新加坡货币当局、瑞典中央银行和瑞士国民银行。这些临时性安排于 2010 年 2 月 1 日期满。

2010 年 5 月，由于短期美元融资市场再度出现紧张，美联储宣布与加拿大中央银行、英格兰银行、欧洲中央银行、日本银行、瑞士银行建立美元流动性互换安排。2013 年 10 月，美联储和这些中央银行宣布这些临时性流动性互换安排转为永久性的常备安排。

互换安排包括两个交易。当一家外国中央银行从美联储的互换安排中提取美元流动性时，外国中央银行出售某一特定数量的本国货币给美联储以获取美元，汇率按市场通行的汇率计算。美联储在外国中央银行的账户中持有外国货币。美联储提供的美元被存放在外国中央银行在纽约联储开设的账户里。同时，美联储和外国中央银行约定第二次交易的捆绑协议，该协议要求外国中央银行在未来某一确定的时期用与第一次交易相同的汇率买回其本国货币。第二次交易是第一次交易的反向操作，第二次交易结束时，外国中央银行以市场利率向美联储支付利息。美元流动性互换的期限从隔夜到 3 个月不等。

当外国中央银行将从流动性互换中得到的美元放贷给本国机构时，美元资金就从外国中央银行在纽约联储的账户里流入借入资金机构用以清算美元交易的银行账户里。根据协议，美联储不是外国中央银行将资金放贷出去的参与者，外国中央银行担向美联储归还美元的责任。外国中央银行将美元资金放贷给本国机构，并承担与贷款相关的信用风险。

美联储获得的外国货币是联储的资产。由于美联储收回美元流动性时的汇率与提供美元流动性时是一样的，资产的美元价值并不受市场汇率变化的影响。外国中央银行将美元资金存放在美联储账户里时，这是美联储的负债。

（二）外国货币流动性互换安排

与美元流动性互换安排相类似，在 2009 年 4 月，FOMC 宣布与英格兰银行、欧洲中央银行、日本银行和瑞士国民银行等达成外国货币流动性互换安排。这些安排旨在向美联储提供其向美国机构提供外国货币流动性的能力。外国货币流动性互换安排可以向美联储提供最高达 300 亿英镑、800 亿欧元、10 万亿日元、400 亿瑞士法朗的外国货币。美联储可以将这些外国货币放贷给本国机构，以缓解金融市场的紧张。这些互换安排于 2010 年 2 月 1 日期满。在 2011 年 11 月，美联储再度宣布与加拿大中央银行、英格兰银行、欧洲中央银行、日本银行、瑞士银行建立外币流动性互换安排。2013 年 10 月，美联储和这些中央银行宣布这些临时性流动性互换安排将转为永久性的常备安排。实际上，美联储并没有从这些互换安排中提取外国货币。

2.2.5　创设存款机构放贷便利

在需要时，贴现窗口可以向存款性机构个体和整个银行体系提供资金以缓解流动性紧张。在危机前，存款性机构可以通过向贴现窗口申请最惠贷款、次级贷款和季节性贷款等方式获得流动性支持。危机期间，美联储通过改善最惠贷款的贷款条件和创设短期拍卖便利来提高向银行系统提供资金的能力。

（一）最惠贷款

最惠贷款是针对财务状况基本良好的存款机构的放贷计划。

由于通常只有财务状况基本良好的存款机构可以获得最惠贷款，因此对最惠贷款的管理要求是最低的。比如，没有对最惠贷款的使用有实质性的限制。在这次金融危机前，最惠贷款期限很短，通常只有隔夜，利率为联邦基金目标利率上浮 100 个基点。当市场利率高于最惠贷款利率时，最惠贷款便利金融机构提供了另一融资来源，这样，就使市场利率不可能显著高于联储基金目标利率。

自金融危机爆发以来，美联储对最惠贷款计划进行了一些重要调整。在2007 年 8 月 17 日，为使市场有序运转，美联储降低最惠贷款利率和目标利率之间的利差至 50 个基点，并允许最惠贷款的期限最长可达 30 天。在 2008 年 3 月16 日，为支持市场的流动性，美联储进一步降低最惠贷款与联邦基金之间的利差至 25 个基点，延长最惠贷款期限至 90 天。

随着金融市场状况的好转，2009 年 11 月 17 日，联储宣布：自 2010 年 1 月14 日起，最惠贷款的最长期限缩短至 28 天。2010 年 2 月 18 日，美联储宣布，自 2010 年 3 月 18 日起，最惠贷款的期限缩短至隔夜，且自 2010 年 2 月 19 日起最惠贷款与联邦基金目标利率上限值之间的利差上升至 50 个基点。

（二）短期拍卖便利

在 2007 年 8 月，由于短期银行融资市场突然恶化，银行融资需求急剧增加。美联储公开市场的交易对手方为一级交易商而不是商业银行，且美联储通过回购协议提供的融资数量通常较为有限，这表明在危机时期公开市场操作在引导资金向金融体系中最需要的地方流动上不是特别有效。尽管美联储已经放松了最惠贷款条款，与过去银行发生流动性紧张时一样，由于银行担忧"污名问题"

（Stigma Problem），影响了美联储将银行亟须的资金注入银行体系。2007 年 12 月 12 日，为缓解短期融资市场日渐增大的融资压力，美联储创设了短期拍卖便利（TAF）。由于借款者数量众多且匿名，拍卖和资金清算之间有三天的时差，表示借款者并不是在某一特定日期急需资金，且即便参与竞拍也不能确保得到资金，这样，TAF 较好地解决了"污名问题"。

在这个计划下，所有能从贴现窗口获得最惠贷款的存款机构都有资格参与 TAF 拍卖，美联储在以多种抵押品保证贴现窗口贷款安全的前提下提供短期资金。通过增加存款性机构融资的准入，TAF 支持存款机构的放贷能力，以满足其客户的信贷需求。

只要美联储认定的存款性机构财务状况良好，就都可以参与 TAF 拍卖。所有的款项必须在抵押品打一定折扣后足额担保。每次 TAF 拍卖数额都是固定的，其利率在最低要价基础上由拍卖决定。存款机构向美联储递交出价申请。最低出价利率是与拍卖贷款同期限的隔夜指数掉期（OIS）相对应的。自 2009 年 1 月起，最低出价利率改为是美联储的超额准备金利率。

最初，TAF 拍卖额度为 200 亿美元，期限主要为 28 天。随后美联储延长一些拍卖期限至 84 天，且拍卖金额提高至 1 500 亿美元。2009 年 6 月，由于融资市场状况改善，美联储宣布将开始减少 TAF 拍卖资金数额。2009 年 9 月，美联储宣布拍卖规模将继续减少，在 2010 年初，拍卖将全部转为 28 天期限。2010 年 1 月 27 日，美联储宣布 TAF 拍卖于 2010 年 3 月 8 日结束。

2.2.6　创设一级交易商放贷便利

美联储公开市场操作的交易对手方是一级交易商，交易是通过一个拍卖机制进行的，这表明，对于某一特定交易商而言，不能确保其能得到资金，且通过公开市场操作得到的资金与一级交易商的融资需求之间没有直接的关系。在通常情况下，一级交易商并不在美联储提供流动性支持的范围。一级交易商主要在三方回购市场融资，大量借入短期资金用以购买证券。这种经营模式与商业银行较为相似，也是杠杆率极高，资产负债期限严重错配，与其他金融机构高度相关。危机以来，特别是贝尔斯登的几近倒闭，使融资环境急剧恶化，一级交易商来自三方回购交易的融资大量减少，交易对手方提高资金利率，调降抵押品的可放贷额，导致交易商不得不大幅减持证券，进一步推动抵押品价格下跌。为打破这一恶性循环，防止由此可能导致的金融体系崩溃，在 2008 年 3 月，美联储根据《联邦储备法》第 13 条第 3 款的授权，创设了一级交易商信贷便利（PDCF），向一级交易商提供短期抵押贷款。另外，也创设了短期证券放贷便利（TSLF），一级交易商可以用投资级证券作抵押从美联储借入国债，由此一级交易商就可利用借入的国债在市场上融资。[①]

（一）一级交易商信贷便利

2008 年 3 月 16 日，为支持市场流动性，逐步恢复市场功能，美联储宣布创设一级交易商信贷便利（Primary Dealer Credit Facility，PDCF），以增强一级交易商向证券市场参与者提供融资的能力。PDCF 是一种向一级交易商提供隔夜贷款的工具，以更广泛地改善金融市场。该便利于 2010 年 2 月 1 日期满关闭。

PDCF 贷款是要由抵押品足额担保的，即担保品价值在打了一定的折扣后才是发放的贷款额。初始时，合格抵押品局限于投资级证券。在 2008 年 9 月 14 日，合格抵押品范围扩大至几乎所有能被两大主要清算银行的三方回购协议认可的抵押工具，并将放贷范围在极其接近 PDCF 条款的情况下扩展至其他证券经纪商，贷款利率与纽约联储的一级交易商信贷利率相同。[②]

（二）证券放贷

为使国债市场能顺利清算，纽约联储设立了证券放贷计划（Securities Lending），临时性提供国债和机构债，以推动国债和机构债市场顺利清算。证券贷款是隔夜贷款，是在竞拍基础上发放给一级交易商的，需要用其他国债作为抵押品。

（三）短期证券放贷便利

2008 年 3 月 11 日，为缓解融资市场日益增强的流动性压力，美联储宣布在《联邦储备法》第 13 条第 3 款授权下创设短期证券放贷便利（Term Securities

---

① 这部分无法体现在美联储的资产负债表里，因为美联储继续持有其借出的国债。

② 三方回购协议：在这个协议安排中，有一家独立的清算银行在执行回购协议的双方之间协助双方进行交易。回购双方将资金和证券划入清算银行，清算银行对交易的管理负责，使抵押品在交易期间是足值的。回购交易双方参与这些交易来回避双边回购协议的管理负担。

Lending Facility，TSLF)。① 在 TSLF 下，美联储向一级交易商出借最高为 2 000 亿美元的美国国债，期限为 28 天（而不是通常的隔夜）；借入国债要以合格抵押品作抵押。在清单 1 中，合格的抵押品包括其他美国国债、联邦机构债、联邦机构发行的住宅按揭支持证券（MBS）和非机构的 AAA/Aaa 级住宅 MBS。9 月，在清单 2 中，抵押品范围除了清单 1 涵盖的范围外，还包括高等级私人证券。TSLF 的意图是增强一级交易商的融资能力，以改善金融市场。证券可以通过每周的拍卖获得。该计划支持了一级交易商的流动性，大范围地改善了金融市场。

这个计划于 2009 年 7 月 1 日实质上终止，于 2010 年 2 月 1 日正式终止。

（四）短期证券放贷选择权计划

短期证券放贷选择权计划（Term Securities Lending Option Program，TOP）向一级交易商提供选择权，让他们从美联储公开市场账户的证券投资中提取短期、固定利率 TSLF 贷款，以与合格抵押品交换。选择权是以竞拍方式取得的。该计划旨在诸如季末前后抵押品市场高度紧张时，通过提供追加的流动性，以提高 TSLF 的有效性。

2.2.7　创设其他放贷工具

在危机期间，美联储创设几个便利，以向关键性的信用市场的借款者和投资者提供流动性。

（一）商业票据融资便利

商业票据市场是金融机构和非金融机构短期资金的重要来源。由于 2008 年

---

① 《联邦储备法》第 13 条第 3 款是指《联邦储备法》第 13 条"联邦储备银行的权力"下的第 3 款"向个人、合伙企业和公司贴现"的内容。条款内容为：在异常的和紧急的情况下，在不少于 5 个委员的赞同下，联邦储备银行理事会可以授权任何联邦储备银行，在前所提及的理事会确定为这种情况的时期，以根据本法第 14 条 d 款所确定的贴现率，用本票、商业汇票和银行汇票——当这些本票、商业汇票和银行汇票是背书的或被担保满足联邦储备银行可提供贴现的条件，向任何个人、合伙企业或公司提供贴现。在用这些本票、商业汇票和银行汇票向这些个人、合伙企业或公司提供贴现前，联邦储备银行应获得证据，证明这些个人、合伙企业或公司不能从其他银行机构取得信贷。所有这些向个人、合法企业或公司的贴现必须受联邦储备银行理事会规定的限制、限定和监管的约束。在危机期间，美联储经常引用该条款对非银行金融机构发放贷款。

9月雷曼兄弟的倒闭使金融市场危机加剧，商业票据利率激升，无论是资金融入方还是融出方，融资风险极大，商业票据市场基本停止运行，大多数企业难以融资。

2008年10月7日，美联储根据《联邦储备法》第13条第3款授权创立商业票据融资便利（Commercial Paper Funding Facility，CPFF），以提升商业票据市场的流动性，短期融资市场流动性的提升可以增加企业和家庭信贷的可得性。在CPFF下，美联储向一个特别设立的有限责任公司（即CPFF有限责任公司）提供信贷，由其购买合格发行者发行的商品票据。纽约联储向该公司发放有追索权的贷款，且这些贷款要以该公司的所有资产担保。该公司通过纽约联储的一级交易商从合格发行者处购买以美元计价的3个月期商业票据。合格发行者是美国商业票据发行者，包括母公司在国外的商业票据发行者。CPFF公司只购买美元计价的、信用级别为A-1/P-1/F1以上的商业票据（包括ABCP）。

该便利于2010年2月1日到期。

（二）定期资产支持证券贷款便利

证券化市场是家庭和企业的重要资金来源。由于2008年秋季危机加重，证券化市场实质上已基本停止运行。

2008年11月25日，在财政部的支持下，美联储根据《联邦储备法》第13条第3款的授权宣布创设定期资产支持证券贷款便利（Term Asset-Backed Securities Loan Facility，TALF）。[1] TALF是一种融资便利，它向拥有合格的资产支持证券（ABS）担保品的美国人提供期限最高达5年的贷款。TALF旨在以促进由学生贷款、汽车贷款、信用卡贷款和由小企业管理局保证的贷款等担保的ABS的发行，帮助市场参与者满足家庭和小企业的信贷需求。TALF试图以更加正常的息差续发消费者和小企业ABS，以此增加信贷可得性。

合格抵押品包括美元计价的ABS，这是由汽车贷款、信用卡贷款、学生贷款或由小企业管理局保证的小企业贷款支持的，且由国家认可的两家或以上评级机构认定的信用评级为最高投资级别范围的，同时没有一家主要评级机构对

---

① 在该便利下，实际上没有贷款发生。

其的信用评级低于最高投资级别范围。TALF 贷款是需要抵押品担保的。通过 TALF 提供的贷款没有追索权，亦即借款者的偿还贷款责任可以通过放弃抵押品来履行。当借款者放弃 TALF 贷款的抵押品时，这些抵押品（即 ABS）必须卖给一个特殊目的机构——TALF 责任有限公司，这个公司是美联储新设的特殊目的公司，用以管理这些资产。由于纽约联储是该公司的第一受益人，该公司的资产和负债记录在纽约联储的资产负债表上。TALF 公司购买这些抵押品的价格等于 TALF 贷款加上未支付利息。

在 2013 年 1 月 15 日前，美国财政部《问题资产救助计划》（*Troubled Asset Relief Program*，TARP）承诺作为 TALF 公司的后备融资，为纽约联储提供信用保护。然而，过了那个时点后，由于通过 TALF 收取并由 TALF 公司持有的费用和收入已经超多 TALF 贷款余额，因而，财政部的信用保护承诺终止。

2009 年 2 月 10 日，美联储宣布将最大规模由 2 000 亿美元扩大到 1 万亿美元，并将合格抵押品范围扩大到包括其他新发行的 AAA 级资产支持证券，诸如由商业银行按揭支持的 ABS 或由住宅按揭支持的私人（非机构）ABS。TALF 的扩大将由财政部从 TARP 中提供追加的资金支持。此后，美联储多次扩展 TALF 贷款的合格抵押品范围。

美国所有拥有合格抵押品的个人可以参加 TALF，但必须通过一级交易商进入。在 TALF 下，纽约联储以月为单位提供固定的贷款数量。通过竞争性的秘密投标拍卖过程，纽约联储将发放等同于打一定折扣后 ABS 市场价值的贷款，该贷款为 3 年期，利息月付。在 TARP 下，财政部将向纽约联储提供与 TALF 相关的信用保护。

该便利中以新发行 CMBS 为抵押的贷款于 2010 年 6 月 30 日结束，以其他抵押品为抵押的贷款于 2010 年 3 月 31 日到期。

在美国，实体经济的资金来源中，诸如商业票据市场和证券化市场等非银行资金是关键。美联储通过创设 CPFF 和 TALF 等非常规的中央银行工具来支持这些市场，使流向实体经济的资金趋于稳定。

（三）资产支持商业票据货币市场共同基金流动性便利

2008 年 9 月 19 日，美联储宣布创设资产支持商业票据货币市场共同基金流动性便利（Asset – Backed Commercial Paper Money Market Mutual Fund Liquidity

Facility，AMLF）。在这个计划下，联储向美国存款机构和银行控股公司提供融资，以便它们从货币市场共同基金购买高质量的资产支持商业票据（ABCP）。该计划旨在帮助持有这类票据的货币基金，使它们在能满足投资者的赎回需求的同时，也能持有这类票据，以保持 ABCP 市场和其他货币市场的流动性。通过 AMLF 提供的贷款是无追索权的，意味着借款人偿还贷款的义务可以通过放弃抵押品来履行。该便利于 2010 年 2 月 1 日终止。

（四）货币市场投资者融资便利

美国的货币市场基金规模巨大，在 2008 年 9 月资产超过 3.5 万亿美元，约为美国商业银行资产的 1/3。货币市场基金的功能类似于商业银行。货币基金的资产是短期的，往往只有几周，这意味着货币基金的大规模中断投资将使依赖货币市场融资的企业受到资金短缺的威胁——特别是危机以来商业银行的放贷活动大幅减少的情况下。2008 年 9 月 16 日，由雷曼兄弟倒闭导致其商业票据违约，使著名的货币市场共同基金 Reserve Primary Fund 跌破面值，货币市场恐慌，投资者大量赎回，威胁了商业票据市场的稳定——因为货币市场共同基金是商业票据市场的主要投资者。

2008 年 10 月 21 日，在财政部提供保证的情况下，美联储根据《联邦储备法》第 13 条第 3 款授权创设了货币市场投资者融资便利（Money Market Investor Funding Facility，MMIFF），提高了投资者持有货币市场工具的信心，阻止了资金从基金大量外逃，稳定了货币市场。① 该便利旨在向美国货币市场共同基金和一些其他货币市场投资者提供流动性，以增强他们满足赎回请求的能力，从而增强他们投资货币市场工具的意愿，特别是投资短期货币市场工具的意愿。货币市场状况的改善增强了银行和其他金融中介满足企业和家庭信贷需求的能力。在 MMIFF 下，纽约联储可向几个与私人部门一起设立的有限责任公司提供高级别担保融资。纽约联储向公司从合格投资者手中购买合格资产提供融资，合格资产包括由高信用评级的、金融机构发行的、以美元计价的存款凭证和商业票据，且剩余期限为 90 天或者更少。MMIFF 需提供担保。开始时只有美国货币市场共同基金是合格投资者，自 2009 年 1 月 7 日始，美联储将范围扩展至一些其

---

① 货币市场投资者融资便利（MMIFF）下实际没有发生贷款。

他货币市场投资者，包括美国证券放贷现金担保再投资基金、证券投资和账户（证券放贷者），以及操作方式与货币市场共同基金相似的，诸如一些地方政府投资组合、共同信托基金和集体投资基金等这类美国基金。

通过从 MMIF 和发行 ABCP 获得融资，公司将从合格投资者处购买合格的货币市场产品。公司将向每一合格资产出售方发行等同于资产购买金额 10% 的 ABCP，其余 90% 用现金交易。纽约联储承诺将向公司发放数额为每一合格资产购买价格 90% 的贷款。这些贷款是隔夜的，利率是最惠贷款利率。这些贷款优先于 ABCP，具有向公司的追索权，并且以 LLC 的全部资产担保。公司向金融机构购买债务产品时，除了在初始阶段集中度限制为 20% 以外，公司拥有该金融机构债务产品值不得超过公司自身资产的 15%。MMIFF 于 2009 年 10 月 30 日到期。

2.2.8　直接支持系统性重要机构

危机期间，美联储向某些特定的机构提供支持，以避免其倒闭，这些机构的倒闭将使金融体系更加混乱和紧张，危害美国经济。出于同样的理由，在另外一些场合，美联储为某些主要企业提供支持。

（一）贝尔斯登

为帮助摩根大通兼并贝尔斯登（Bear Stearns），纽约联储设立和发放信贷给新设通道责任有限公司（新设通道公司），其成立的目的是购买某些贝尔斯登的资产，并管理这些资产，使发放给这个公司贷款得到的回报最大化，且对金融市场的冲击最小化。由于纽约联储是这个公司的主要受益人，这个公司的资产和负债反映在纽约联储的账户上。

（二）美国国际集团

美国国际集团（American International Group，AIG）因旗下资产管理部门次贷资产的亏损而在次贷危机中受到了毁灭性打击，股价大幅下挫（见图 2.2）。

2008 年 9 月 16 日，美联储宣布发放贷款给美国国际集团，让其有时间和灵活性执行价值最大化战略计划。开始时，纽约联储提供了 850 亿美元的贷款安排给该公司。在 2008 年 10 月 8 日，纽约联储得到授权，在某些证券作为抵押的情况下，向 AIG 的某些下属机构提供贷款。

美元/股

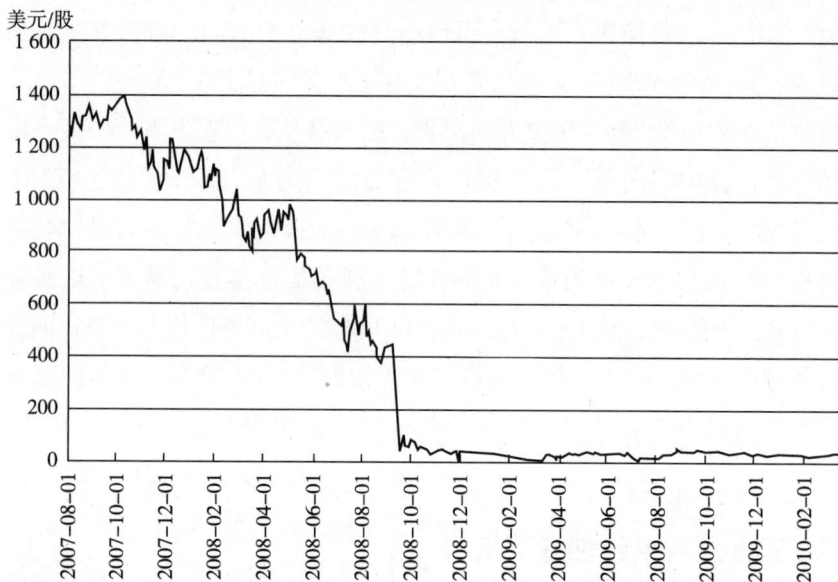

注：日数据。

资料来源：路透社。

图 2.2　次贷危机期间 AIG 股价走势

2008 年 11 月 10 日，美联储和美国财政部宣布对政府给予 AIG 的金融支持进行重组。作为这个重组的一部分，创立了两个新的有限责任公司，发放给 AIG 的贷款减少了 250 亿美元。在 2008 年 12 月 12 日，纽约联储开始向新设通道公司Ⅱ提供贷款，以便从 AIG 的下属机构购买住宅按揭支持证券（RMBS）。

2008 年 11 月 25 日，纽约联储开始向新设通道公司Ⅲ提供贷款，这个公司成立的目的是购买多层抵押债务凭证（Multi - sector Collateralized Debt Obligation），AIG 下属的金融产品事业部承销了基于这些抵押债务凭证的信贷违约互换和相似的合同。

2009 年 3 月 2 日，美联储和美国财政部宣布对政府给予 AIG 的援助进行重组。重组的主要目的是增强公司资本金和流动性，以推动该公司全球资产剥离计划的平稳完成。作为该重组的一部分，在 2009 年 12 月 1 日，纽约联储接受 AIG 旗下的特殊目的机构友邦保险曙光有限责任公司（AIA Aurora LLC）和美国人寿保险控股公司（ALICO Holdings LLC）的优先股。作为交换，AIG 持有的未清偿贷款余额和最大贷款限额都将下降 250 亿美元。

（三）花旗集团

2008 年 11 月 23 日，美国财政部、美联储和联邦存款保险公司共同宣布，美国政府将向花旗集团（Citigroup）提供支持，以促进金融市场稳定。财政部和联邦存款保险公司将为按当时市价计算的总额大约为 3 060 亿美元的贷款、住宅和商业按揭支持证券之类的资产提供保护，以免其发生巨额损失。资产将仍然反映在花旗银行的资产负债表上。作为这个协议的费用，花旗银行将向财政部和联邦存款保险公司发行优先股。作为补充，在需要时，美联储将发放无追索权贷款，以抵消这个资产池的剩余风险。

2009 年 11 月，美联储和存款保险公司同意终止在 2009 年 1 月 15 日与花旗集团签署的主协议。纽约联储接受花旗集团支付的 5 000 万美元的终止费。其余与主协议相关的尚未支付的其他费用仍将由花旗集团支付。

（四）美国银行

2009 年 1 月 16 日，财政部、美联储和联邦存款保险公司联合宣布美国政府将向美国银行（Bank of America）提供支持，以促使金融市场稳定。财政部和联邦存款保险公司将为按当时市价计算的总额大约为 1 180 亿美元的贷款、住宅和商业按揭支持证券之类的资产提供保护，以免其发生巨额损失。这些资产中的绝大部分是美国银行兼并美林证券导致的。资产将仍然反映在美国银行的资产负债表上。作为这个协议的费用，美国银行将向财政部和联邦存款保险公司发行优先股。作为补充，在需要时，美联储将发放无追索权贷款，以抵消这个资产池的剩余风险。

2009 年 5 月 7 日，在监管资本评估计划结果公布之后，美国银行宣布计划不接受在 2009 年 1 月宣布的支持计划的一部分——美联储剩余的融资安排及相关的由财政部和联邦存款保险公司提供的关于 1 180 亿美元资产池的保证保护。在 2009 年 9 月，美国银行为终止与财政部、美联储和联邦存款保险公司的救助条款而支付了退出费，救助条款实际上一直未曾实施。

2.3　各种放贷便利的抵押品和利率安排

2.3.1　各种便利下抵押品资格要求、评估和折扣

（一）向存款机构放贷

表 2.1　　　　　向存款机构放贷抵押品资格要求、评估和折扣

便利	抵押品资格要求、评估和折扣
最惠贷款、次级贷款、季节贷款和 TAF 贷款（存款机构）	**资格要求**：美联储愿意考虑由存款机构拥有的任何良好资产 **评估和折扣**：若有可能，每天利用定价服务提供的信息对抵押品价值进行盯市评估① • 可放贷额是这类抵押品价值总额打一折扣，这个折扣反映了资产的流动性以及信用和利率风险 对于那些不能进行盯市定价的资产，以证券作为抵押品时，在其面值基础上打折；以贷款作为抵押品时，在未偿还余额基础上打折 • 对于这类没有定价的抵押品的折扣，通常要比能进行盯市定价的抵押品的折扣要大很多，以此反映流动性差异

（二）向一级交易商放贷

表 2.2　　　　向一级交易商放贷各便利下抵押品资格要求、评估和折扣

便利	抵押品资格要求、评估和折扣
一级交易商信贷便利（PDCF）	**资格要求**：所有在三方回购协议中合格的资产均为合格抵押品 **评估和折扣**：利用清算银行评估系统中可得的最低价，由借款者的清算银行对资产进行定价 • 对于在公开市场操作中合格的抵押品（国债、机构债和机构按揭支持证券），折扣就是公开市场操作中的折扣 • 对于不是公开市场操作中合格的抵押品，折扣是基于资产风险程度确定的，通常要高于公开市场操作中合格抵押品的折扣

---

① 在 2009 年 1 月 30 日前，每周对抵押品进行一次评估；在 2009 年 1 月 30 日后，每天对抵押品进行评估

续表

便利	抵押品资格要求、评估和折扣
短期证券放贷便利（TSLF）和 TSLF 选择权计划（TOP）	**资格要求**：公开市场操作中合格的抵押品、投资级公司债、市政债、按揭资产证券和资产支持证券 **评估和折扣**：利用清算银行评估系统中可得的最低价，由借款者的清算银行对资产进行定价 ● 对于在公开市场操作中合格的抵押品（国债、机构债和机构按揭支持证券），折扣就是公开市场操作中的折扣 ● 对于不是公开市场操作中合格的抵押品，即高信用等级的私人证券，折扣是基于资产风险程度确定的，通常要高于公开市场操作中合格抵押品的折扣

（三）其他放贷便利

表 2.3　　　　　　**其他放贷便利下抵押品资格要求、评估和折扣**

便利	抵押品资格要求、评估和折扣
资产支持商业票据货币市场共同基金流动性便利（AMLF）	**资格要求**：信用级别至少为 A－1/P－1/F1 的美元计价的资产支持商业票据（ABCP），ABCP 必须从货币市场共同基金（MMMF）购买 **评估和折扣**：出质的 ABCP 是根据已摊销成本评估的，原由 MMMF 购买（该计划要求借款者根据摊销成本价从 MMMF 购买 ABCP）；这里没有折扣
商业票据融资便利（CPFF）	**资格要求**：信用级别至少为 A－1/P－1/F1 的 3 个月期美元计价的商业票据（包括 ABCP） **评估和折扣**：CPFF 资产由特殊目的机构（SPV）购买；SPV 购买的 ABCP 由 ABCP 的基础资产支持；SPV 购买的未担保商业票据需要追加费用、背书/保证或其他抵押品；CPFF 也收取登记费及其他费用，以减轻可能的亏损
定期资产支持证券贷款便利（TALF）	**资格要求**：由汽车贷款、学生贷款、信用卡贷款、小企业管理局（SBA）保证的小企业贷款、按揭服务贷款、企业设备贷款或租赁、车辆船舶租赁、楼面贷款、保费融资贷款以及商业按揭贷款等支持的资产支持证券（ABS）；ABS 必须有从已获评级资格的信用评级公司中获得两个或两个以上的最高信用评级（比如 AAA），且必须没有一个信用评级是低于最高信用评级的（对于 SBA 保证的 ABS，必须由美国政府全额保证） **评估和折扣**：ABS 必须由第三方购买和按市价评估；折扣的确定要满足在紧张情形下估计的损失能足以被贷款的额外利差收入所弥补

2.3.2 向各种便利出质的抵押品种类①

（一）向存款机构放贷的抵押品种类

向存款机构放贷的抵押品种类包括美国国债、美国政府机构债和政府支持企业债、美国州政府或政治组织债券、抵押按揭债券、资产支持证券、公司债、货币市场工具、住宅地产贷款、商业工业农业贷款、商业地产贷款、消费者贷款。

（二）PDCF 抵押品种类

PDCF 抵押品种类包括所有在 2008 年 9 月 12 日三方回购协议安排中合格的资产。具体包括美国国债、机构债、市政债、公司市场工具、按揭支持证券、资产支持证券、国外证券（主权债、机构债、市政债和公司债)、股票、贷款等。

（三）TSLF 抵押品种类

清单 1：国债、机构债和机构保证按揭支持证券；

清单 2：除清单 1 包含的抵押品外，还包括投资级公司债、市政债、按揭支持证券和资产支持证券。

（四）AMLF 抵押品种类

仅限于 ABCP，且满足：

（1）票据由借款者在 2008 年 9 月 19 日及以后从注册为货币市场共同基金的投资公司购买，该基金的资金大量流出；

（2）票据是由借款者在购买时以 ABCP 经过溢价分期摊销或贴现增长调整后的价格作为共同基金的购买价格购买的；

（3）票据在出质给波士顿储备银行时的信用评级不低于 A－1、P－1 或 F1（当评级为 A－1/P－1/F1，但预计可能被任一主要评级机构降级的票据将被排除在外）；

（4）票据是由根据美国法律成立的机构发行的或由在 2008 年 9 月 18 日时存在的政治团体发行的；

---

① 本部分由作者根据美联储的 Credit and Liquidity Programs and the Balance Sheet 的月度报告整理归纳而成。

（5）如果借款者是银行，则票据的到期日不可超过 120 天；如果为非银行机构，则票据到期日不可超过 270 天。

（五）CPFF 抵押品种类

包括由金融机构和非金融机构发行的未担保商业票据和资产支持商业票据。

（六）TALF 抵押品种类

是美元计价的 ABS，且满足以下条件：

（1）有至少两个合格国家认可的统计评级机构（Nationally Recognized Statistical Rating Organization，NRSRO）出具的最高投资级类（比如 AAA）的信用评级；如果是非按揭支持 ABS，则有至少两个合格 NRSRO 出具的最高短期投资级类（比如 AAA）的信用评级。

（2）没有一个合格的 NRSRO 出具的信用评级是低于最高投资级类的。合格的小企业贷款 ABS 也包括美元计价的现金 ABS，其下贷款的本金和利息信用是由美国政府信用全额保证的。合格 ABS 下的所有或绝大部分贷款必须是在美国定居的债务人，或者与贷款相关的不动产位于美国境内。除了 SBA 保证贷款的 ABS 外，新发行的合格 ABS 必须在 2009 年 1 月 11 日以后发行。合格的商业按揭支持证券必须在 2009 年 1 月 1 日前发行，必须要先于所有其他商业按揭贷款池的权益支付，且必须满足其他某些旨在使美联储和财政部免受信用风险的原则。在几乎所有情况下，某特定借款人的合格抵押品不得由借款者自身或其关联机构发放的贷款支持或证券化。

2.3.3　各种放贷计划的利率设定[①]

（一）向存款机构放贷

表 2.4　　　　　　　　　向存款机构放贷的利率设定

放贷计划	合格借款人	利率设定
最惠贷款	总体财务状况良好的存款机构	由放贷的储备银行管理委员会提出建议，经美联储理事会同意

---

① 各种计划的利率由放贷的储备银行管理委员会提出建议，经美联储理事会同意。

续表

放贷计划	合格借款人	利率设定
次级贷款	没有资格获得最惠贷款的存款机构	当前利率比最惠贷款利率高50个基点
季节性贷款	对资金有季节性需求的小存款机构	联邦基金有效利率和3个月期存款利率的平均，结果通常与联邦基金目标利率接近
短期拍卖便利（TAF）	总体财务状况良好的存款机构	通过有利率下限投标的拍卖确定；当前，最低投标利率为储备银行支付给超额准备金的利率①

（二）向一级交易商放贷

表2.5　　　　　　　　向一级交易商放贷的利率设定

放贷计划	合格借款人	利率设定
一级交易商信用便利（PDCF）	一级交易商和一些证券交易商	等于纽约联储实施的最惠贷款利率
短期证券放贷便利（TSLF）和TSLF选择权计划（TOP）	一级交易商	根据有利率下限投标的拍卖确定；TSLF的最低投标利率是根据拍卖所用抵押品的种类而确定为是10个或25个基点；TOP最低投标利率是1个基点

（三）其他放贷便利

表2.6　　　　　　　其他放贷便利下的利率设定

放贷计划	合格借款人	利率设定
资产支持商业票据货币市场共同基金流动性便利（AMLF）	存款机构和银行控股公司（为在一定条件下从货币市场共同基金购买高等级资产支持商业票据提供融资）	等于在贷款发放时纽约联储实施的最惠贷款利率
商业票据融资便利（CPFF）	从合格发行者处购买3个月期无担保和资产支持商业票据的特殊目的机构	等于在贷款发放时联邦公开市场委员会的联邦基金目标利率

---

① 在2009年1月12日前，最低投标利率是在拍卖贷款的贷款期内预期的隔夜联邦基金利率平均值。

续表

放贷计划	合格借款人	利率设定
定期资产支持证券贷款便利（TALF）	由消费者、企业和商业按揭贷款支持的某些 AAA 级资产支持证券持有者	根据贷款抵押品的种类不同而变化（在某些情况下也根据贷款期限而变化）： • 由联邦保证的学生贷款支持 ABS：比 1 个月期 LIBOR 高 50 个基点 • SBA 资产池凭证：联邦基金目标利率加 75 个基点 • SBA 发展公司参与凭证： □3 年 TALF 贷款：3 年期 LIBOR 互换利率加 50 个基点； □5 年 TALF 贷款：5 年期 LIBOR 互换利率加 50 个基点 • 商业按揭支持证券： □3 年 TALF 贷款：3 年期 LIBOR 互换利率加 100 个基点； □5 年 TALF 贷款：5 年期 LIBOR 互换利率加 100 个基点 • 其他合格的固定利率 ABS： 3 年 TALF 贷款：对于证券的加权平均期限短于 1 年的，1 年期 LIBOR 互换利率加 100 个基点；对于证券的加权平均期限不短于 1 年但短于 2 年的，2 年期 LIBOR 互换利率加 100 个基点；对于证券的加权平均期限为 2 年或 2 年以上的，3 年期 LIBOR 互换利率加 100 个基点 • 带有最惠息票的学生贷款 ABS：高于 1%，等于最惠贷款利率减去 175 个基点 • 其他合格的浮动利率 ABS：1 个月期 LIBOR 加 100 个基点

（四）对特定机构的支持

表 2.7　　　　　　　　　　对特定机构放贷的利率设定

放贷计划	合格借款人	利率设定
向新设通道公司放贷，以帮助摩根大通兼并贝尔斯登	购买贝尔斯登 300 亿美元流动性较差资产的一个有限责任公司（新设通道公司）	有时等于纽约联储实施的最惠贷款利率
向美国国际集团（AIG）放贷	AIG	3 个月期美元 LIBOR 加 300 个基点①
向新设通道公司 II 放贷作为 AIG 援助计划的一部分	从 AIG 购买住宅按揭支持证券的一个有限责任公司（新设通道公司 II）	1 个月期美元 LIBOR 加 100 个基点
向新设通道公司 III 放贷作为 AIG 援助计划的一部分	从 AIG 交易对手方购买抵押债务凭证的一个有限责任公司（新设通道公司 III）	1 个月期美元 LIBOR 加 100 个基点
向房利美和房地美的授信②	房利美和房地美	等于纽约联储实施的最惠贷款利率
向花旗集团提供一定的剩余融资安排③	花旗集团（若有需要，对美国政府已经同意保证的资产池进行融资）	浮动利率，等于 3 个月期隔夜指数互换利率加 300 个基点，每季重新设定
向美国银行提供一定的剩余融资安排④	美国银行（若有需要，对美国政府已经同意保证的资产池进行融资）	浮动利率，等于隔夜指数互换利率加 300 个基点（隔夜指数互换期待定）

---

① 在 2008 年 11 月 10 日前，利率是 3 个月期 LIBOR 加 850 个基点。
② 在这个计划下实际没有发放贷款。
③ 在这个计划下实际没有发放贷款。
④ 在这个计划下实际没有发放贷款。

2.4 危机干预手段的风险管理

美联储的放贷或计划有信用风险，也即借款者将不归还贷款。联储通过要求为所有贷款提供抵押品和监测存款机构及其他从联储借款的机构的财务状况来缓解信用风险。

2.4.1 监测财务状况

（一）对存款机构财务状况的监测

对存款机构财务状况的鉴别是一个包括四个步骤的程序，使得由差的或倒闭的存款机构导致联储损失的风险最小化。第一步是随时动态监测所有进入或可能进入贴现窗口和由联储提供清算服务的存款机构。第二步是在没有对机构进入联储放贷便利和其他联储服务进行控制的情况下，鉴别哪些机构的财务状况、特征或其分支机构所体现的风险是联储不可接受的。第三步是若有必要，时机成熟时将这些认定为高风险机构的信息在联储内部和其他监管机构通报。第四步是采取适当措施，以减缓这些机构所带来的风险。

财务状况监测程序的核心是内部评级系统，它提供了对可能导致联储不适当风险的机构进行界定的框架。该评级系统主要依据该机构主监管者的信息来界定潜在的问题机构，并按照对联储构成风险程度的不同进行分类。在界定了高风险机构后，联储就实施一整套的风险控制标准，当机构风险提高时，标准也会越来越严格。地方储备银行在认为有必要时，可能会实施追加的风险控制标准，以进一步减缓风险。

（二）对其他借款者财务状况的监测

对存款机构以外借款者财务状况的监测，也主要依赖监管信息和其他联储可获取的信息。对于一些借款者（诸如某些一级交易商）而言，联储向其派驻了现场监测人员。对其他借款者，联储主要依赖于借款者主监管机构的信息共享。

AMLF 和 TALF 发放的信贷是无追索权的，也就是说，借款者归还贷款的责任仅限于借款者丧失抵押品。由此，对借款者财务状况的监测不是这些计划减缓信用风险的核心，而抵押品自身是减少信用风险的主要工具。

2.4.2　抵押品政策和要求

所有联储发放的贷款必须用可接受的抵押品向放贷的储备银行提供足够的担保。接受为抵押品资产评估为一个储备银行认为适当的可放贷款。可放贷额由资产的市价减去一个折扣。折扣反映了信用风险，对于可交易资产而言，反映为资产价格的历史波动性和资产交易市场的流动性或非流动性。相对于可用作对比的、有市场价格的资产而言，储备银行对于无市场价格的资产采用更大的折扣，导致更低的可放贷额。如果金融环境转弱，借款者可能被要求追加抵押品。抵押品是根据联邦储备银行制定的标准放贷合同里的条款和条件出质的。

（一）贴现窗口贷款和 TAF 贷款的抵押品

贴现窗口贷款和通过 TAF 发放的信贷除了出质的抵押品外，向借款者仍是有追索权的。毫无疑问，抵押品在减少与这些信贷发放相关的信用风险上起了主要作用。联储通常接受符合监管标准的资产质量良好的任何资产作为贴现窗口和 TAF 贷款的抵押品。这类资产包括大多数贷款和大多数投资级证券——尽管对一些证券（包括商业按揭支持证券、抵押债券、抵押贷款以及一些非美元计价的外国证券），只有 AAA 级证券是可接受的。机构不得将他们自身或其分支机构发行的工具作为抵押品。对于剩余期限超过 28 天的贴现窗口和 TAF 贷款，要追加抵押品——因为对于这些贷款，最多只能借入抵押品的 75%。

（二）向证券交易商贷款的抵押品

PDCF 贷款的合格抵押品包括所有在 2008 年 9 月 12 日通过主要清算银行清算的三方回购协议安排的合格资产。对任何一级交易商的 PDCF 信用总数，不可超过该交易商出质给纽约联储抵押品的可放贷款。出质抵押品的价值由清算银行评估，其评估是以一些私人部门的定价服务的报价为基础的，这种报价被市场参与者广泛使用。PDCF 贷款是有追索权的。

TSLF 的证券贷款是由其他证券抵押而不是现金，也就是说，交易商从联储借入某种证券，同时以另一种证券出质为抵押品，由联储决定抵押品的合法性。

当前，两个抵押品清单是可接受的。清单 1 抵押品是国债、机构债和机构保证按揭支持证券。清单 2 抵押品中除了清单 1 抵押品而外，还包括投资级公司债、市政债、按揭支持证券和资产支持证券。折扣是由纽约联储根据当时市场通行的做法决定的。

（三）其他放贷便利的抵押品

AMLF 的合格抵押品限于 ABCP，需满足下列条件：（1）在 2008 年 9 月 19 日或该日以后由借款人从登记为货币市场共同基金的投资公司购买的；（2）由借款者根据共同基金购买 ABCP 的购置成本经溢价分期摊销或折扣增加后购买的；（3）在出质时至少有两个主要评级机构的评级不低于 A1、F1 或 P1；或者，若仅由一个主要评级机构评级，则 ABCP 必须被该评级机构评为最高级类；（4）必须由根据美国法律成立的机构或在某一规划下在 2008 年 9 月 18 日时存在的政治分支机构发行的；（5）如果借款者是银行，规定的期限不超过 120 天；如果借款者是非银行，规定的期限则不超过 270 天。

在 ABCP 出质获得贷款前，ABCP 的审核必须转移到波士顿联邦储备银行设在存款信托公司的限制性账户。作为出质担保贷款的合格 ABCP 的估值是按摊销成本评估的。在这个便利下的贷款是没有追索权的。

MMIFF 的合格抵押品包括美元计价的存款凭证、现钞以及剩余期限介于 7 天和 90 天之间的商业票据。有限责任公司（LLC）通过 MMIFF 融资购买的资产收益率在购买时的收益率至少要比最惠贷款利率高 60 个基点。每个 LLC 只能购买在其操作文件中指定的 10 家金融机构发行的债券。这些金融机构都必须由三家全国认可的主要统计评级组织（标普、穆迪和惠誉）中的两家出具短期债评级，且评级至少为 A－1/P－1/F1。纽约联储向 LLC 放的贷款由 LLC 的资产担保。

CPFF 向 LLC 发放贷款，以支持其通过一级交易商购买 3 个月期的以美元计价的商业票据。合格发行者是美国的商业票据发行者，包括其母公司为外国公司的。LLC 仅购买由三家全国认可的主要统计评级机构组织（标普、穆迪和惠誉）中的两家出具的短期债评级至少为 A－1/P－1/F1 的商业票据（包括资产支持商业票据）。纽约联储向 LLC 发放的贷款是有追索权的，其贷款由 LLC 的所有资产担保。

在定期资产支持证券信贷便利（TALF）中，纽约联储向某些由学生贷款、汽车贷款、信用卡贷款、由美国小企业管理局（SBA）担保的小企业贷款和住房及商业按揭贷款支持证券（RMBS、CMBS）为基础的 AAA 级资产支持证券（ABS）持有者发放无追索权贷款。TALF 的合格抵押品包括以美元计价的 ABS，其信用评级为由全国认可的主要统计评级组织中的两家出具的评级至少为最高投资级类，且没有一家全国认可的主要统计评级组织出具的信用评级低于最高投资评级类的。合格抵押品不得由借款者自身或其关联机构发放或担保的贷款为基础的。纽约联储发放贷款时为每一类合格抵押品设置折扣，折扣是由各类合格抵押品的风险性和期限长短决定的，贷款额为抵押品市场价值打折后的数值。另外，在 2008 年《紧急经济稳定法案》的不良资产救助计划下，美国财政部将向纽约联储提供与 TALF 相关的信用保护。

（四）向特定机构贷款的抵押品和风险控制

2008 年 3 月 16 日，为使摩根大通兼并贝尔斯登，根据《联邦储备法》第 13 条第 3 款的授权和美国财政部的支持，美联储理事会授权纽约联储向新设通道有限责任公司发放无追索权贷款，以购并贝尔斯登的某些流动性较差的大约 300 亿美元的资产。这些资产将随着时间的推移有序处置，其获得的收入再加上资产出售前的收益用以归还贷款。联储贷款由所有被新设通道公司收购的资产以及摩根大通向新设通道公司发放的 11 亿美元的附属贷款担保，资产损失将先由摩根大通的 11 亿美元的贷款承担。公司将以贷款回报的最大化和对金融市场的冲击最小化为目标来管理这些资产。在纽约联储和摩根大通的贷款收回后，纽约联储有权拥有由抵押品所产生的剩余的现金流。

2008 年 9 月 16 日，在财政部的全力支持下，根据《联邦储备法》第 13 条第 3 款的授权，同意纽约联储为 AIG 设立循环信用便利（Revolving Credit Facility）。随后，在 2008 年 11 月 10 日，美联储和美国财政部宣布调整美国政府对 AIG 的支持。调整后，两个公司将主要由纽约联储组建和提供资金。组建新设通道公司 II，以购买 AIG 剩余的按揭支持证券。组建新设通道公司 III，以购买 AIG 的多层抵押债务凭证（CDO），这些是 AIG 已经承保的信用违约互换和相似合同的债务。

AIG 无条件承担在到期日时归还循环信用便利下所有未偿还贷款的本金、

未偿付的利息和费用的责任。所有在循环信用便利下的贷款余额由 AIG 及其不受到管制的主要分支机构的资产担保，包括受到管制的 AIG 美国和在国外分支机构的所有者权益。而且，AIG 归还纽约联储贷款的责任还将由 AIG 在美国境内、未受到监管的分支机构担保，这些分支机构有超过 5 000 万美元的资产。这些抵押品自身与相关保证人向纽约联储提供的担保资产是分开的。随着时间的推移，更多的 AIG 分支机构将被作为保证人。

纽约联储同意在循环信用便利下向 AIG 提供贷款是有特定条件的，即纽约联储根据自身独有的判断，满意 AIG 申请贷款时的抵押品性质和价值，也对 AIG 公司治理结构的所有方面较为满意。纽约联储的代表与 AIG 的高级管理层保持经常性的接触，并作为观察员参加所有 AIG 董事会及下属委员会的各种会议。纽约联储也在 AIG 现场派驻人员，以监控公司融资、现金流向、贷款收益的使用及其全球整改计划的进展等。

2.5　小结

由于危机时期金融、经济行为的复杂性，到目前为止，尚未发展出成熟的危机应对模式。简单而言，在危机时期，美联储的应对策略集中在三个方面：一是抵消危机对借贷利率和宏观经济的影响，主要是采用激进的大幅降息措施；二是通过向私人部门提供流动性，以减缓金融紧张、支持信贷市场正常运行；三是运用各种手段保持金融稳定，主要是防止金融机构无序倒闭（Bernanke，2008）。

金融危机的重要特征是流动性短缺、市场利率高企。对于实体经济而言，信贷可得性差，信贷成本高，从而限制了实体经济的运行。美联储为达到其宏观经济目标，向金融体系提供流动性——这些流动性原本应是由金融中介机构提供的，但在危机时期这些机构不愿提供[①]。美联储的历次危机干预经验也证明了这种中央银行的"最后贷款人"功能的有效性（Mishkin，2007a）。

---

① 当然，在一般情况下，美联储向市场注入流动性是有选择的，选择经营状况良好且有较好抵质押品的金融机构，而不是有问题的金融机构；否则，将会产生道德风险（Mishkin，1994；Bernanke，2007）。

在次贷危机的应对中，也基本遵循这一做法。在此次危机中，除了流动性注入数额巨大外，美联储的救助有三个突破性的进展。

1. 流动性支持工具创新频繁。美联储除了运用传统的市场流动性支持声明、公开市场操作、窗口贴现①等方法和手段外，还创新性地设置了短期拍卖融资便利（Term Auction Facility，TAF）、短期证券借贷便利（Term Securities Lending Facility，TSLF）、一级交易商信用便利（Primary Dealers Credit Facility，PDCF）、货币市场共同基金流动性便利（Asset Backed Commercial Paper Money Market Mutual Fund Liquidity Facility，AMLF）、商业票据融资便利（Commercial Paper Funding Facility，CPFF）、货币市场投资者融资便利（Money Market Investor Funding Facility，MMIFF）、定期资产支持证券贷款便利（Term Asset - Backed Securities Loan Facility，TALF）等工具和手段，多方位、多角度地支持市场流动性。流动性支出工具的创新还体现为抵押品范围的扩大。2008 年 9 月 15 日，美联储宣布，PDCF 从原来只接受投资级债券抵押放宽到接受多样化的资产抵押品，包括普通股票；TSLF 的贷款抵押品范围也放宽到投资级债券。

2. 流动性提供范围不再局限于银行，而是向各类金融机构、特定的金融市场（如商业票据市场）以及实体经济扩展。传统上，中央银行扮演"最后贷款人"角色的覆盖范围仅限于商业银行等存款类机构，而这次向市场提供流动性的对象已经涵盖了商业银行、货币市场基金、投资银行和保险公司、商业票据市场甚至实体经济。在创新产品中特别值得一提的是商业票据融资便利、货币市场投资者融资便利和定期资产支持证券贷款便利这三个工具，这是美联储绕过银行和一级交易商直接从市场上，甚至直接从企业购买证券，突破了以往通过金融中介提供流动性的做法，即美联储不仅仅是"银行的银行"，而是整个社会的信用提供者。显然，美联储提供流动性的范围大大扩展了。

3. 由于经济、金融日益全球化，国际之间的政策协调是必要的。发达国家日益增强的金融市场全球化，使得某一国内的金融危机很快就传染到其他国家，政策效应也很可能由于溢出到其他国家而减弱，因而，不同国家中央银行之间

---

① 在这次危机应对中，美联储对窗口贴现期限进行了改革。在借款人的要求下，最长期限可达 28 天，而不是传统的隔夜。

的政策协调是必要的（Mishkin，1994）。这次次贷危机更是如此，拥有次级抵押信贷产品的投资者遍布世界各地；一旦发生风险，也马上蔓延到全球各个角落。

由于本次危机的严重性，在这次危机政策操作中，流动性工具的品种之多、数量之大、使用频率之繁以及交易对手之广，在货币政策操作史上是史无前例的。[1] 这是本次危机操作的最大特色之一。这些流动性支持手段体现了美联储以大幅度的货币扩张应对次贷危机的操作理念，同时也体现了其对次贷危机可能对经济带来灾难性后果的忧虑。

---

[1] 美联储的流动性支持是如此激进，以至于有些时候市场利率低于设定的政策利率，这是导致美联储推出准备金付息制度的动因之一。

危机后美国经济的复苏[①]

自 2007 年 12 月开始的且与 2008 年秋季全球性金融危机紧密相关的本轮衰退被认为是自 20 世纪 30 年代"大萧条"以来最严重的危机，被称为"大衰退"。由于衰退严重，在衰退结束后的相当长一段时期里，美国经济复苏比较缓慢，就业也是远低于危机前水平。

本章共五节。第一节分析危机后美国就业复苏迟缓，第二节分析美国就业改善与经济复苏不同步，第三节分析美国就业复苏面临的挑战，第四节分析美国周期性的就业增长缓慢，第五节为本章小结。

3.1 危机后美国就业复苏迟缓

与第二次世界大战后的历次复苏相比较，本轮美国经济复苏迟缓，就业复苏也是如此。

---

① 本章的研究得到 2013 年人民银行上海总部重点课题"本轮美国经济复苏及其复苏的货币政策框架"（吴培新，2013b）的支持，也可部分参见吴培新（2014）。

3.1.1　经济复苏迟缓

由于史无前例的房地产泡沫破裂及其随后的金融危机，本轮衰退严重冲击了美国经济，实际 GDP 收缩了 4.7%，比自第二次世界大战以来其他 10 次平均值的 2 倍还多；持续时间为 18 个月，而其他衰退持续期平均为 10 个月。

美国及其他发达国家的经验表明，衰退越深，其后的复苏通常越为强劲，但这次却并非如此。通常，衰退期越长，其后的复苏越弱，然而，即便考虑了这个因素，本轮复苏也明显比过去经验所显示的要弱。在衰退结束后的三年里，实际 GDP 平均增长仅为 2.2%，而此前的 10 次衰退结束后的三年中实际 GDP 平均增长 4.6%。本轮复苏与历史上复苏情况的比较如图 3.1 所示。

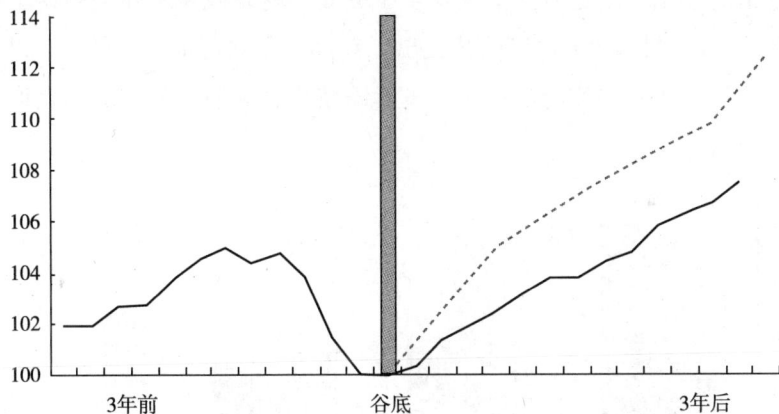

注：本轮经济的谷底为 2009 年第二季度，其实际 GDP 界定为 100。实线表示实际的 GDP，虚线表示预计的 GDP。预计的 GDP 是在 2007—2009 年衰退的深度和持续时间基础上，20 世纪 70 年代以来各发达经济体的回归模型作出的。

资料来源：转引自 Yellen（2013a）。

图 3.1　本轮美国经济复苏实际和预计的 GDP

图 3.1 中的虚线是预期的 GDP 增长，这是在考虑"大衰退"的深度和持续时间的基础上，用美国及其他发达经济体的历史经验作出的预测（Howard et al.，2011）。预计的 GDP 路径与实际的 GDP 路径之间的缺口表明本次复苏迟缓。

本轮美国经济复苏迟缓是由以下因素导致的（Yellen，2013a）。

第一，财政政策在本轮复苏中促进复苏的作用很小，甚至是负作用。从历史上看，财政政策通常是支持经济复苏的。财政政策素有"自动稳定器"的作用，比如，衰退时期个人和企业收入的下降部分地被征税额的下降所抵消。在衰退时失业救济和其他安全网计划等政府支出上升，通过弥补失业人员收入的下降来支持消费支出及整体经济。这些自动的税收下降和政府支出增加通常辅之以相机抉择的财政政策，比如在衰退时降低税率、加大基础设施建设和购买其他货物和服务，以及延长失业救济等。这些相机抉择的财政政策通常给衰退后的经济复苏增添了动力。

然而，在这轮复苏中，相机抉择的财政政策并不是很大的助推因素。在衰退结束后的一年，各级政府的财政支出对经济增长的刺激作用大致与以往衰退后的复苏情况类似；但随后的情况发生了变化，财政政策实际上制约了经济复苏（见图3.2）。州和地方政府削减支出，甚至有些州还提高了税率，以应对财政收入的下降。在联邦政府层面，决策者缩减货物和服务的购买，允许与刺激

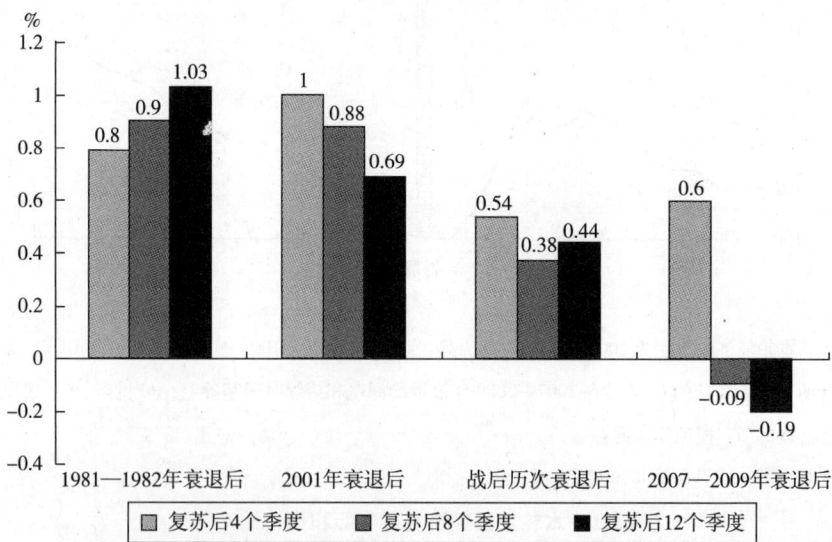

注：战后历次衰退后的数据剔除了本次衰退，也由于数据限制而剔除了1948—1949年衰退后的复苏。

资料来源：转引自Yellen（2013a）。

图3.2 复苏时期相机抉择财政政策对经济增长贡献的估计（年率）

相关的支出下降，并采取进一步的措施以降低联邦赤字。相机抉择的财政政策在复苏开始后一段时间里继续是经济复苏的"逆风"，而不是如过去经济复苏中的"顺风"。

第二，住房部门对经济复苏贡献较小。增加住房投资能使建筑业和相关行业创造新的工作岗位。在"大衰退"前，住房投资在"大衰退"前四次衰退后的两年里使经济增长平均增加 0.5 个百分点，而其他衰退后住房部门的贡献则大得多（McCracken，2011）。而在本轮衰退后，住房部门基本没有对经济增长作出贡献，这主要是由于房地产泡沫破裂引发了本轮衰退。主要是在过度宽松的住房按揭发放标准和不切实际的房价上涨预期推动下，建筑业繁荣时期延长，随后住房市场崩溃，住房销售和价格快速、大幅下跌，按揭贷款大幅削减。本轮复苏以来，尽管处于纪录低位的按揭利率使购房成本较低，但较紧的按揭贷款条件使许多家庭难以获得贷款用于购房。总体来看，住房部门对经济增长的贡献远远小于以往衰退后的经济复苏（见图3.3）。

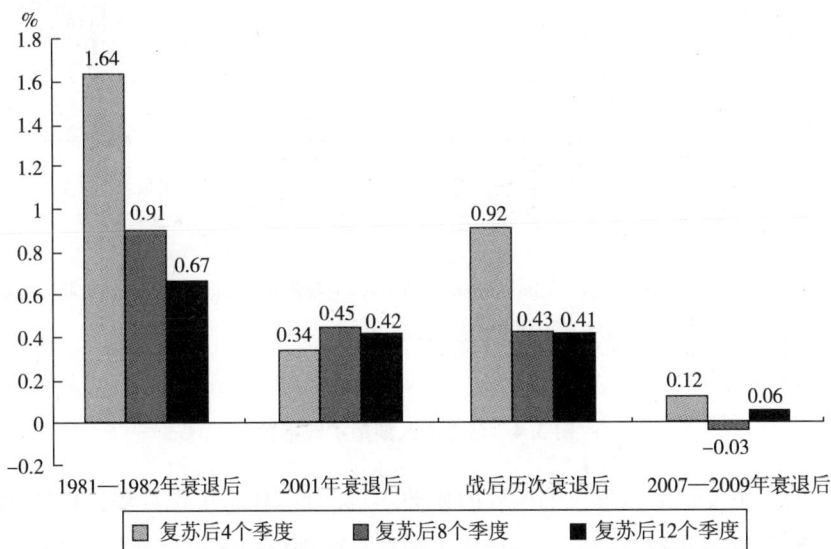

注：第二次世界大战后历次衰退后的数据剔除了本次衰退。

资料来源：转引自 Yellen（2013a）。

图3.3 复苏时期住房部门对经济增长贡献的估计（年利率）

除了住房投资对经济增长的直接贡献较小外，房价的崩溃导致家庭财富的大幅缩水。2012 年底，家庭净资产比 2005 年缩水 40%，约为 5 万亿美元。房价大幅下跌使住房拥有者较难利用其房产净值去融资以应对收入下降，这对住房拥有者家庭的消费支出构成负面影响。

第三，收入增长期望下降。在通常情况下，消费者认为衰退是暂时的，经济将很快回归正常，因而，即使在衰退时期，消费者对未来收入增长的预期是稳定的。这给消费及经济复苏提供支撑。历史经验证实了这一点。然而，本轮衰退却不是这样，消费者大幅下调了收入增长预期（见图 3.4）。

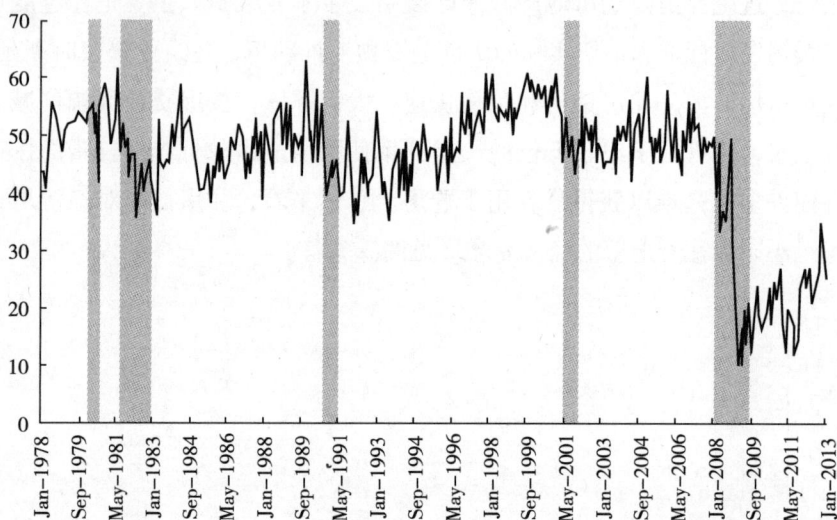

注：根据 Thomson Reuters/University of Michigan Surveys 消费者调查数据计算而得。指数为被调查者预期未来 12 个月收入比过去上升的比例再减去下降的比例。

资料来源：转引自 Yellen（2013a）。

图 3.4　名义收入期望扩散指数

第四，主要是欧债危机的国外因素的影响。自 2010 年 5 月爆发的欧债危机削弱了投资者和消费者的信心，导致美国在复苏进程中的出口增长受挫。

3.1.2　就业改善迟缓

根据美联储的研究，失业率可能是代表市场当时状况的最好单一指标，同时也是未来劳动力市场演进较好的预测指标。

失业率由衰退开始时的5.0%上升到2009年10月的最高点10.0%，随后随着经济复苏而缓慢下降。但是，失业率的下降并不能完全代表劳动力市场的改善程度，比如，由于失望而放弃继续寻找工作的人数增多，这也将导致失业率下降。另一个判断劳动力市场演变状况的重要指标是非农新增就业数据。这是净值概念，它等于当月新雇佣人数减去离开岗位人数，而离开岗位人数包括临时性解雇、停职及其他。在每个月都有几十万人被雇佣或离开当前岗位，两者之间的差异就是新增就业（见图3.5）。

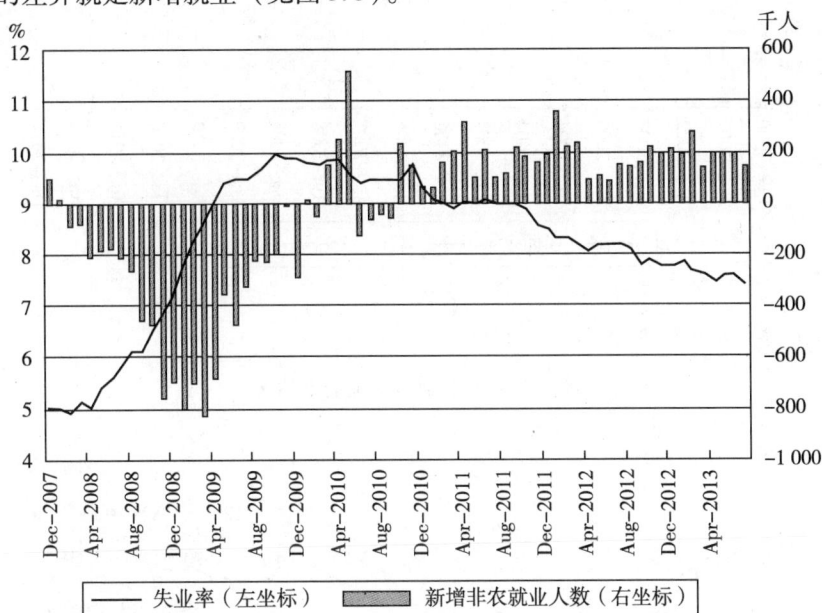

资料来源：美国劳工部。

图3.5 "大衰退"以来的失业率及新增非农就业变化情况

对新增就业还要进一步分析其来源，可以发现，危机后相当长一段时期里劳动力市场的改善在相当程度上是由于临时性解雇的大幅下降，而不是新雇佣人数的增加（见图3.6）。这表明，总体而言，在危机后的相当长一段时间里，新雇佣劳动力状况疲弱，就业市场远未回到正常水平。

总体来说，相较于近期美国历史上的各次衰退，在剔除人口结构等因素后，"大衰退"后的就业改善状况确实比较迟缓，在危机结束后的相当长一段时间里就业状况远未恢复到正常水平（见图3.7）。

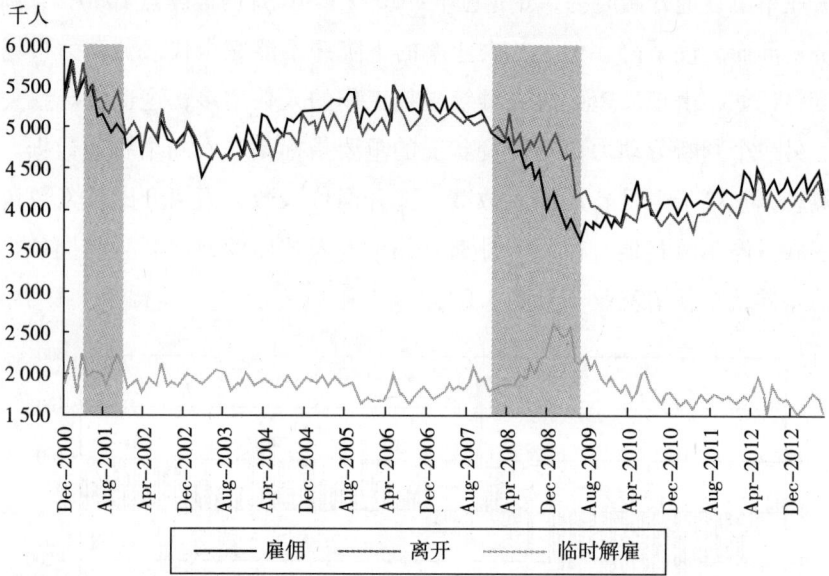

资料来源：美国劳工部。

图 3.6　非农部门职位变动情况

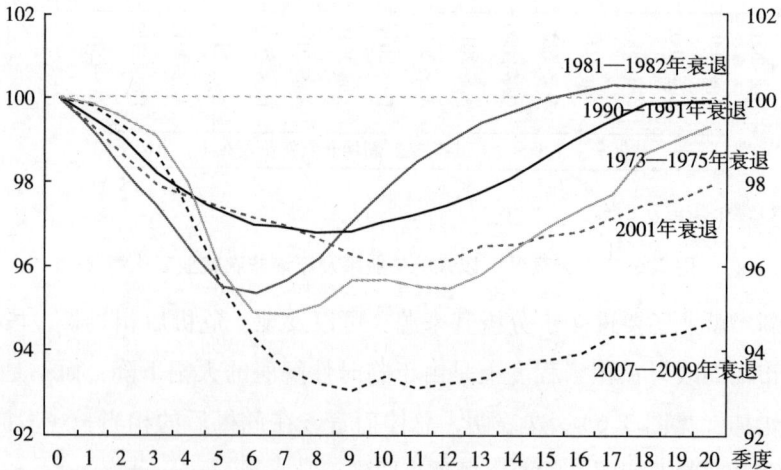

注：季度数据，横轴为衰退开始以来的季度数。

资料来源：转引自 Yellen（2013a）。

图 3.7　各次衰退后的非农薪资就业情况比较

3.1.3 建筑业就业改善迟缓拖累整体就业复苏

自从 2007 年 12 月开始的本次衰退以来，到 2010 年 2 月的就业谷底，非农就业人数减少 870 万人，其中建筑业就业减少近 200 万人，占总就业减少人数的 23%，这表明，自"大衰退"以来，建筑业就业人数的下降在整体就业人数的下降中占比较大。

尽管如此，自衰退开始以来，建筑业就业人数下降对整体就业人数下降的影响还是被低估了。原因是：首先，建筑业就业人数的顶点是在 2006 年 4 月，大大超前于 2007 年 12 月开始的衰退，与 2006 年 7 月的房价顶点和 2005 年第四季度的住宅投资顶点接近。在衰退开始时，建筑业就业已经处于下降通道，比其顶点时少了近 25 万人，这个 25 万人应该计入建筑业就业下降对整体就业下降的贡献度中去。其次，上述数字仅仅反映了建筑业就业下降对整体就业下降的直接效应，而没有包含由其导致的其他行业就业减少的间接效应。据劳工统计

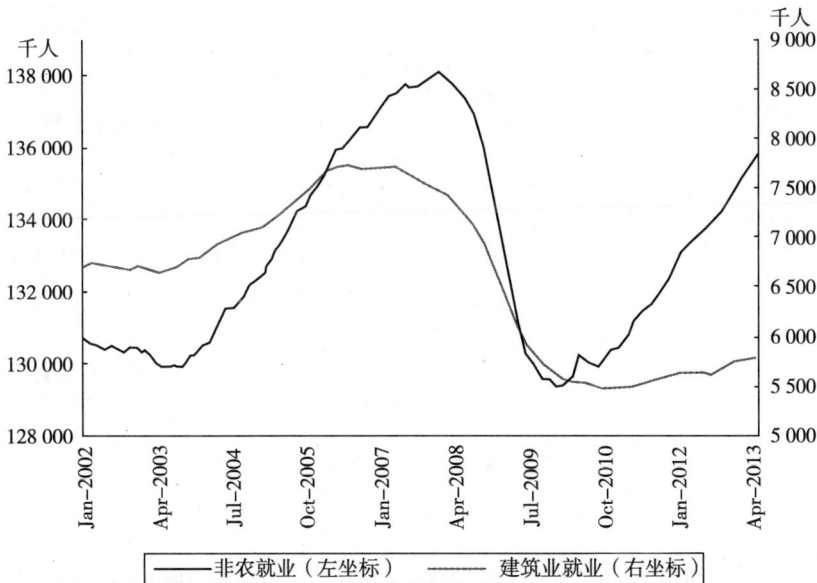

注：月度数据。

资料来源：美国劳工部。

图 3.8 非农就业与建筑业就业比较

局的就业需求矩阵测算，在房地产泡沫破裂时，建筑业就业人数下降100万人，估计这将导致其他行业近80万人失业。据此推算，从2007年12月的就业顶点到2010年2月的就业谷底，整体就业人数下降的近40%是由建筑业就业人数下降导致的（Sanchez and Thornton, 2011）。

在经济复苏开始后的相当长一段时间里，实际投资还是大幅低于2006年第一季度顶点时的水平。美国国内投资由政府投资和私人投资构成，私人投资占绝大部分，而私人投资主要由非住宅固定资产投资和住宅投资构成。从住宅投资变化的节点和幅度来看，其是引领私人投资变化的重要力量。美国投资增长的缓慢可以直接归因于房地产投资的疲弱（见图3.9）。因而，可以说，房地产投资的疲弱在很大程度上导致就业增长的缓慢。而房地产投资疲弱的根源在于房地产市场在2012年第三季度前一直处于下行、萎缩状态，房价下跌，房地产市场处于去杠杆化状态（见图3.10），房地产市场的复苏明显滞后于整体经济的复苏。

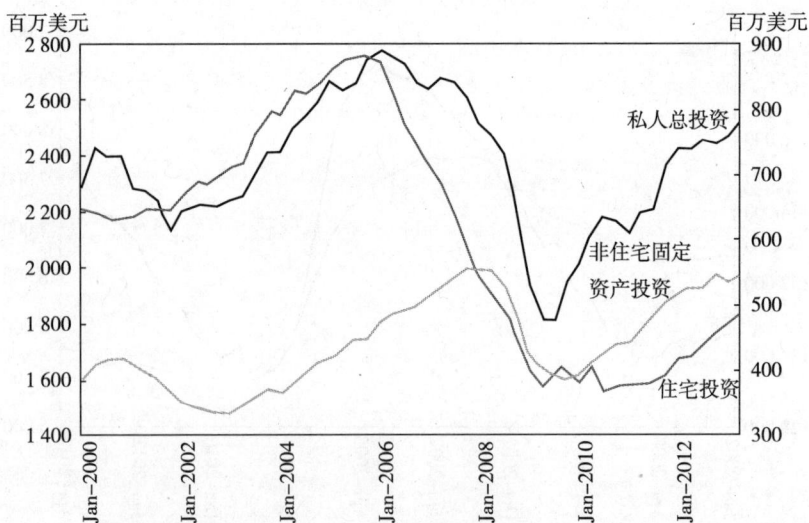

注：1. 数据以2009年价格计算；2. 私人总投资和非住宅固定资产投资使用左轴，住宅投资使用右轴。

资料来源：美国商务部。

图3.9　美国国内私人实际投资

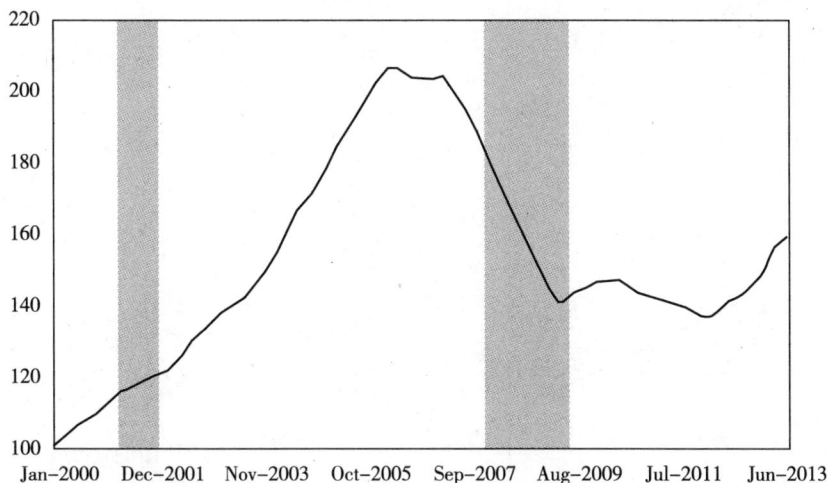

注：月度数据。

资料来源：标准普尔公司。

图 3.10 标准普尔 Case – Shiller 全美 20 城市房价指数（以 2000 年 1 月为 100）

3.2 危机后美国就业改善与经济复苏不同步

3.2.1 经济增长与失业率变化之间关系偏离奥肯法则

在经济学上，经济增长与失业率变化之间的关系通常用奥肯法则来描述。由于劳动力规模和劳动生产率水平的增长情况决定了潜在的 GDP 增长率，实际 GDP 增长接近潜在 GDP 增长率通常要求失业率保持稳定。为降低失业率，经济增长必须高于潜在增长率。从美国的历史数据来看，GDP 增速与失业率变化之间存在如下关系：以一年为期，要使失业率下降 1 个百分点，实际 GDP 增长必须快于潜在增长率约 2 个百分点。照此计算，如果美国潜在 GDP 增长率为 2%，以一年为期，要使失业率下降 1 个百分点，经济增长须达到约 4%。

用季度数据显示的 1990—2012 年美国 GDP 增长率与失业率变化之间的关系如图 3.11 所示。

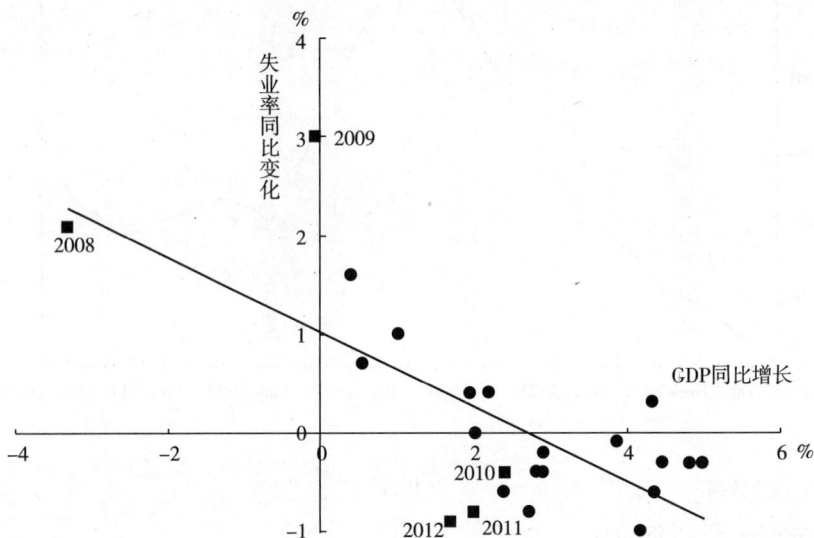

注：季度数据；失业率为当季月份的算术平均数。

资料来源：美国商务部、劳工部。

图 3.11　1990 年至 2012 年第四季度 GDP 同比增速与失业率同比变化

图 3.11 表示的是 1990 年至 2012 年第四季度 GDP 同比增长与第四季度失业率变化之间的关系。图中的方块散点是"大衰退"以来的数据，显示了 2009 年、2011 年、2012 年都较大程度地偏离了历史趋势线。从图形来看，相对于经济增速，2009 年是失业增长过度，而 2011 年、2012 年是就业增长过度。这表明，在本轮美国经济周期中，经济增长与失业率变化之间的经验关系破裂，奥肯法则不再能用来有效地预测失业率的变化。

3.2.2　奥肯法则失效的解释

对奥肯法则的失效有两个解释（Bernanke，2012a）。

第一个解释：复苏时期的就业增长过度是对衰退时期恐慌性解雇过度的弥

补。在 2009 年，由于雇主担忧经济衰退会更加严重，在这种担忧的驱动下，他们恐慌性地解雇工人，导致解雇过度，失业率的上升大于按奥肯法则计算的数值。而在 2011 年、2012 年，当雇主确信经济衰退已经结束，他们又不得不召回被过度解雇的雇员，导致就业改善超过经济复苏程度。

第二个解释：劳动参与率大幅下降。

失业率和就业率分别由劳工部的家庭调查（Household Survey）和企业调查（Establishment Survey）获得，数据来源不同，但可相互校验。计算公式如下：

失业率 = 失业人口/劳动力人口 =（劳动力人口－就业人口）/劳动力人口

就业率 = 就业人口/劳动年龄人口

劳动参与率 = 劳动力人口/劳动年龄人口

由上述公式，可得

失业率 = 1－就业率/劳动参与率

由上式可知，失业率的下降可由就业率的上升或（和）劳动参与率的下降导致。

从历史上看，失业率和就业率月度数据的年度间同比百分点变化围绕某一趋势线分布，且这一趋势线是经过坐标原点的，这表明就业率变化与失业率变化是按一定比例共同变化的。图 3.12 表示的就是 1949 年 1 月至 2007 年 11 月的散点分布图。从本轮衰退期（2007 年 12 月至 2009 年 6 月）来看，其失业率和就业率变化的散点图与历史数据是一致的。由于就业率大幅下降，失业率等比例也大幅上升（见图 3.13）。而本轮复苏以来（2009 年 7 月以来），其散点图的趋势线与历史数据不一致，与历史数据相比，同样的就业率增长是与更大的失业率下降相对应的（见图 3.14）。从历史数据的趋势线与本轮复苏以来数据的趋势线比较来看，本轮复苏以来的趋势线位于历史趋势线下方，也就是说，即便就业率不变，失业率也会下降 0.86 个百分点，而历史数据则是：就业率不变，失业率也不变。这表明，自复苏以来，仅仅就业率变化这个单一因素并不能解释失业率的快速下降。

有趣的是，复苏时期失业率变化与就业率变化散点图的趋势线随着复苏进程而缓慢上移。这表明，失业率变化与就业率变化之间的关系最终可能会与历史数据一致。

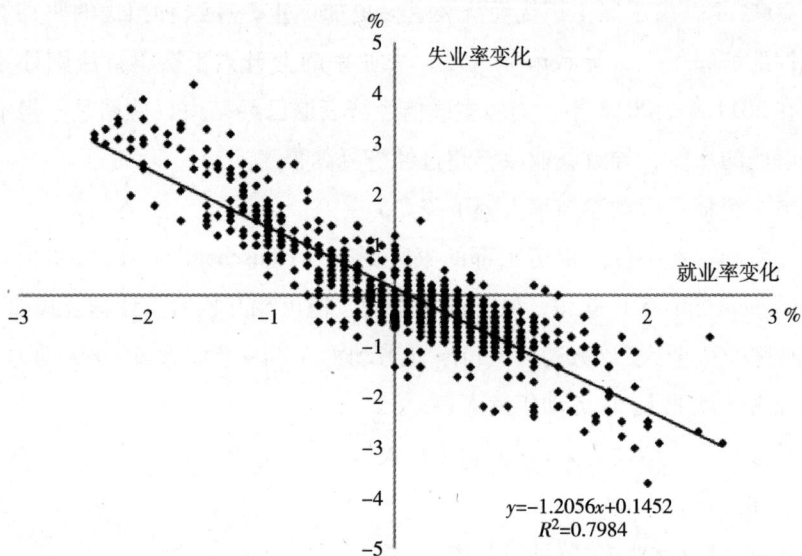

注：月度数据。

资料来源：美国商务部、劳工部。

图 3.12 1949 年 1 月至 2007 年 11 月期间失业率变化与就业率变化之间的关系

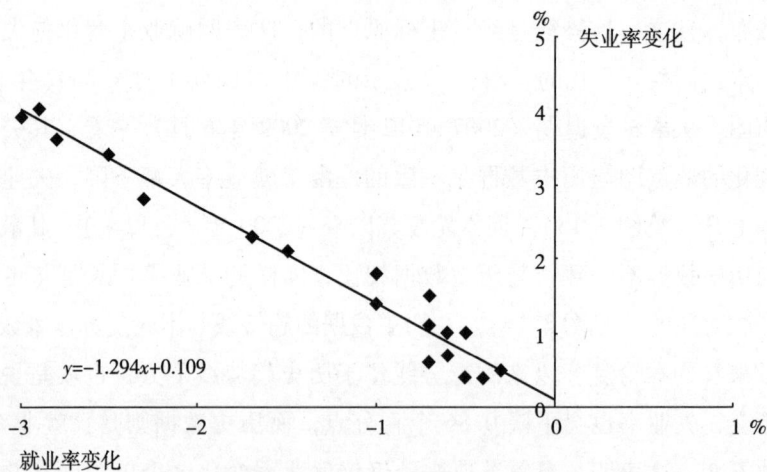

注：月度数据。

资料来源：美国商务部、劳工部。

图 3.13 本轮经济衰退时期（2007 年 12 月至 2009 年 6 月）
失业率与就业率变化之间的关系

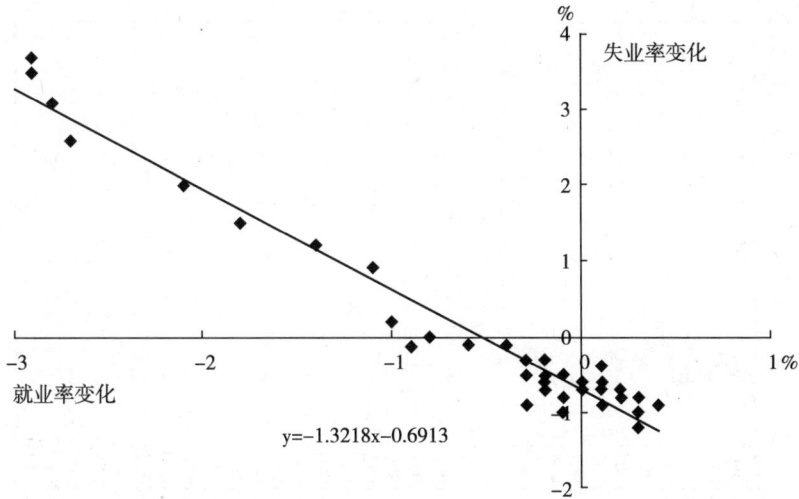

注：月度数据。

资料来源：美国商务部、劳工部。

图3.14　经济复苏时期（2009年7月至2013年5月）

失业率与就业率变化之间的关系

这表明失业率的下降幅度并不能表示劳动力市场的改善程度，劳动力市场的改善程度要小于失业率的下降幅度。比如，异常多的工人放弃了寻找工作。由于一个人只有在寻找工作或正在工作才被视为劳动力，如果由于失望而放弃继续寻找工作的人数增加，这将降低失业率。潜在工人离开劳动力大军增多这一现象是与劳动参与率下降相一致的。

由于就业增加、劳动力数量减少，都会导致失业率下降。从历史上看，每次衰退开始后，劳动参与率（为劳动力数量与人口之间的比率，Labor Force Participation Rate，LFPR）通常都会下降——尽管不同衰退时期的劳动参与率下降程度和时间差异很大（见图3.15）。从2001年4—11月和2007年12月至2009年6月的两次衰退来看，劳动参与率显著下降，分别为0.8%和1.9%，并且，在本轮衰退结束后劳动参与率继续呈快速下降态势，可以说，危机后相当长一段时间里失业率的下降更多的是由于LFPR的下降所导致的。

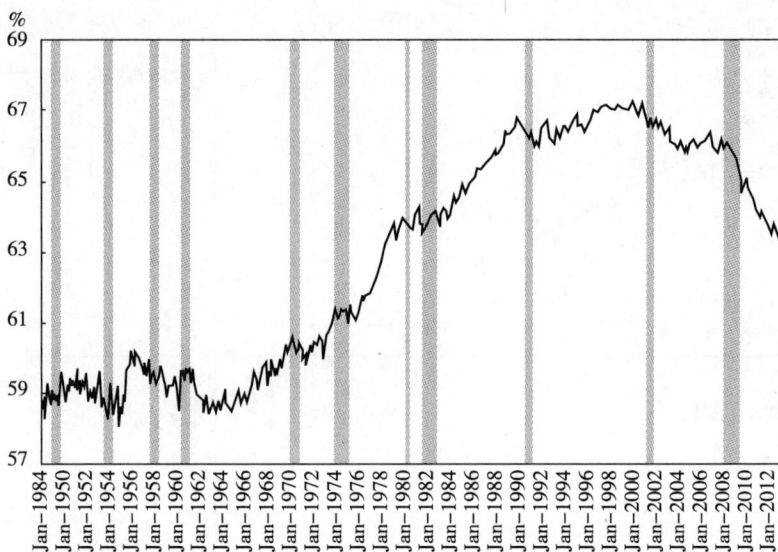

注：月度数据。

资料来源：美国劳动部。

图 3.15　美国劳动参与率（1948 年 1 月至 2013 年 4 月）

3.3　美国就业复苏面临的挑战

如前所述，本轮美国就业市场的复苏是第二次世界大战后历次衰退后复苏中最为缓慢的。就业状况在复苏开始后相当长一段时期里远离正常水平，且失业人口中长期失业占比大幅高于历史水平，这表明，美国的就业复苏是缓慢的。

3.3.1　新增就业缓慢

在本轮衰退中，失业率在 2008 年 10 月达到 10% 的最高点，此后缓慢回落，但在相当长一段时间里，失业率仍比美联储预测的 5.2% ~6% 的长期失业率区间要高很多。这表明经济仍远在潜在水平下运行。

进一步对就业人口进行分析。在就业人口中，有大量想要全职工作但只能从事兼职工作的，另外还有少量的因就业困难而退出劳动力市场的，这些都没有计入失业率。比如，据美国劳工部统计，2013 年 8 月，美国有 791 万人想要全职工作但只能是兼职（Part Time），而在衰退开始时仅为462万人；失业人口没有包含86万人因再就业困难而放弃寻找工作的人，而在衰退开始时仅为36万人，这部分人尽管想要工作，但因失望而退出劳动力市场，总括计算，隐性失业率达到12.9%，而不是当时失业率所表示的7.3%（见图3.16）。

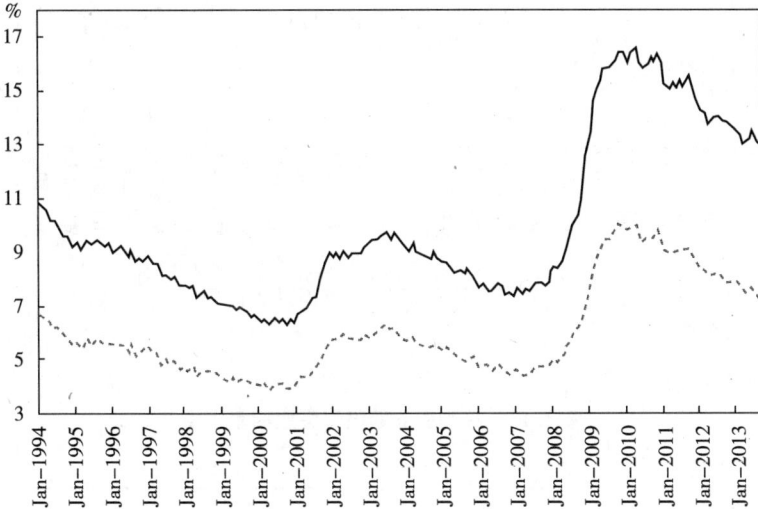

注：月度数据；实线为隐性失业率曲线，虚线为失业率曲线。

资料来源：美国劳工部。

图3.16　美国隐性失业率和失业率

巨大的失业人口表明巨大的社会资源的浪费，另外，失业时期过长可能影响未来几年的经济增长潜力。长期的失业导致失业人员的技能丧失，以致难以再就业，可能导致自然失业率的上升。

3.3.2　长期失业占比较高

在本轮周期中，失业人员的失业期限远超此前的经济周期（见图3.17），长期失业人员占总失业人数的占比也大幅上扬（见图3.18）。这两个指标均大幅高于历史水平。

与短期失业人员相比，由于技能丧失、与劳动力圈子关系丧失等因素，长期失业人员更难重新找到工作（见图3.19）。

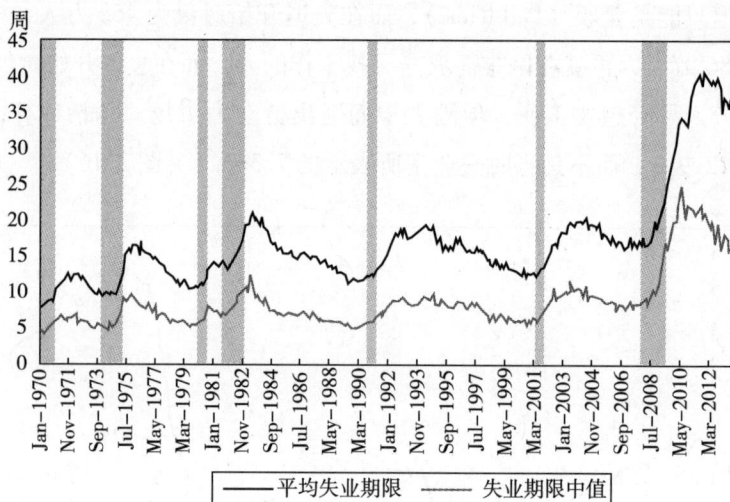

注：月度数据。

资料来源：美国劳工部。

图 3.17　平均失业期限和失业期限中值

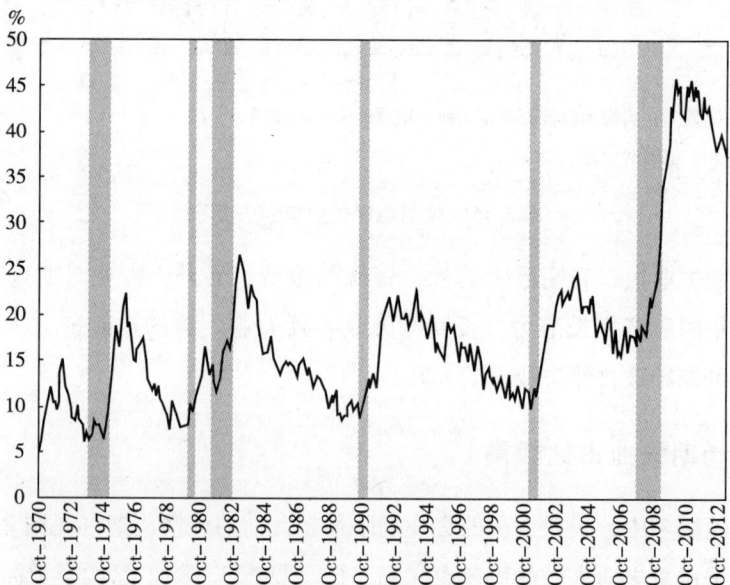

注：月度数据；长期失业占比是指失业期限为 27 周及以上失业人员占总失业人数的比例。

资料来源：美国劳工部。

图 3.18　长期失业占比

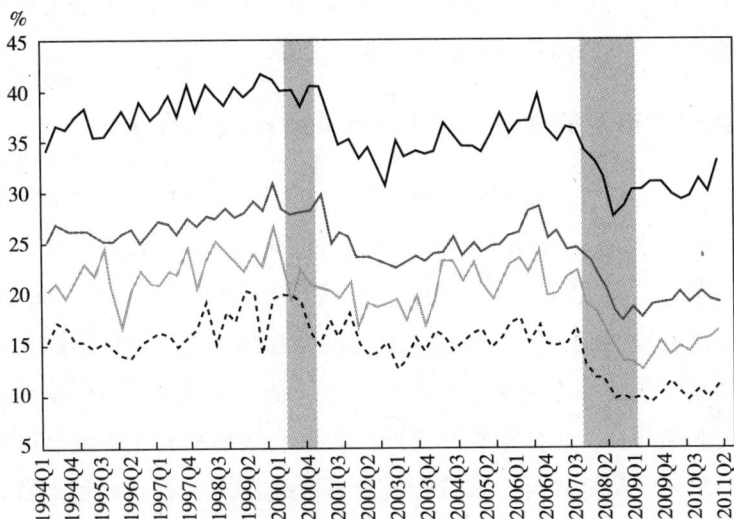

注：季度数据；图形中曲线由上到下依次为失业期限为 1～4 周、5～14 周、15～26 周及 27 周以上失业人员的再就业比率。

资料来源：美国劳工部。

图 3.19　不同失业期限的再就业概率

由于长期失业人员通常需要更多的时间才能重新就业，高企的长期失业率表明需要更多的时间才能使失业率下降，这使经济复苏缓慢，需要更长时间才能使经济完全恢复。

3.4　周期性的总需求疲弱导致就业改善迟缓

在本轮复苏中，长期失业率达到前所未有的高度且持久保持这种状态，这或许表明失业人员所拥有的技能与雇主所要求的技能之间的不匹配程度的增大。也就是说，本轮失业周期中的失业或许相当部分是结构性的，而不仅仅是周期性的总需求疲弱。失业主要是结构性的还是周期性的？这个问题对货币政策操作极为重要。原因在于：如果失业主要是由诸如技能、工作生活地点不匹配等结构性因素导致的，那么刺激总需求的货币政策可能效果较差，政策的主要效果是引发通货膨胀，需要用货币政策之外的政策措施来降低失业率。如果高企的失业率主要是由总需求疲弱等周期性因素导致的，那么，美联储就可以通过放松货币政策来刺激总需求，从而使失业率下降。

3.4.1 劳动力市场的演变：从 Beveridge 曲线的视角

劳动力市场的演变可以用失业率与职位空缺率之间的经验关系来解释，这就是以英国经济学家 William Beveridge 命名的 Beveridge 曲线。通常，在经济繁荣时，失业率低，雇主难以找到工人，所以职位空缺率（Job Opening Rate）高。相反，在经济不景气时，失业率高，工人较难找到工作，职位空缺率低。如果将失业率和职位空缺率作为坐标构成图形，这是一条向下倾斜的曲线。在经济衰退时，失业率升高，职位空缺率走低，职位空缺率和失业率组合沿着曲线向右下行；反之，经济复苏时，该组合就沿着曲线向左上行。但是，当失业的结构性因素发生变化时，曲线就会向左下或右上移动。比如，当由于技术进步等结构性因素而导致失业工人的技能与雇主所要求的技能之间不匹配程度加大时，曲线向右上移动。

从图 3.20 来看，一方面，此次美国经济衰退结束（2009 年 6 月）后，Beveridge 曲线外移，这似乎表明结构性失业增加。然而，从另一方面来看，相

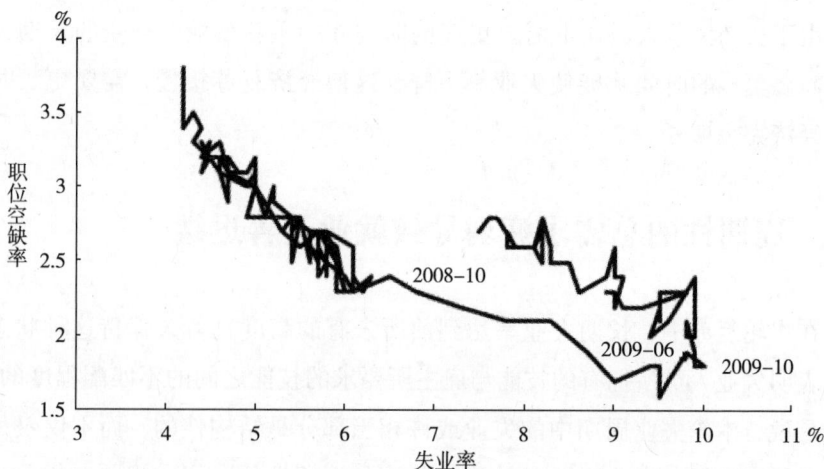

注：月度数据。

资料来源：美国劳工部。

图 3.20　美国 Beveridge 曲线：2001 年 1 月至 2013 年 8 月

对于历次衰退后的情形，本次复苏中需要跨行业和跨地区的重新就业情况并没有特别突出，这又表明经济的结构性变化并不比以往大。从历史来看，由于美国劳动力市场的灵活性，第二次世界大战后的历次衰退都没有导致更高的结构性失业。这种曲线外移在以往也曾经发生过，但不持久。比如在1973—1975年和1981—1982年的那两次严重衰退及其后的一段时间里，该曲线都发生了外移，但在随后的复苏里又回到了原来位置。

3.4.2　就业改善迟缓部分源于结构性失业上升

从失业人员的平均失业期限与失业率关系来看，自20世纪90年代初以来共发生三次衰退，图3.21中三条曲线自下而上分别表示1990年8月至1991年3月、2001年4月至2001年11月衰退开始至衰退结束后一年，以及本次衰退开始至2013年7月的失业期限和失业率的关系，散点则是自1970年1月以来除前述三条曲线外的其他时期的失业期限和失业率的关系。自20世纪90年代初以

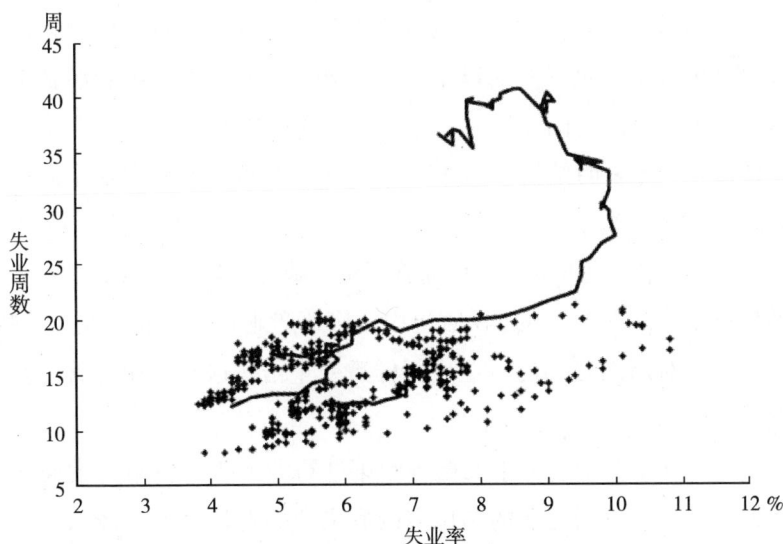

注：月度数据。

资料来源：美国劳动部。

图3.21　失业人员平均失业期限与失业率关系：1970年1月至2013年7月

来，曲线上移表明在经济下行时结构性失业可能增加。一个解释是技术进步的加速导致工人的劳动技能丧失比过去加快了，而这种劳动技能的老化在工人失业时期重新找工作时就体现出来了。Batini 等人（2010）认为结构性失业率为1.75%，而 Kocherlakota（2010）则认为高达 2.5%。

另外，在本次衰退中，由于失业救济从 6 个月延长到 99 周，失业人员可能不急着寻找工作或退出劳动力市场，导致失业率比不延长失业救济期限时高。Elsby 等人（2010）估计失业救济期限的延长导致失业率上升 1.8 个百分点。

3.4.3　就业改善迟缓主因是周期性的需求疲弱

伯南克认为，在经济复苏时期，由于美国经济尚未完全复苏，Beveridge 曲线外移并非意味着结构性失业增加，这是基于以下原因：（1）在深度衰退过程中，该曲线暂时性的外移可能是由于临时解雇（Layoff）大幅增加，这导致失业率快速上升，而岗位空缺（Job Vacancy）的变化是缓慢的；（2）经济失业保险的延长，使得原本要离开劳动力市场的失业人员继续留下来寻找工作；（3）雇主在对雇员的需求不大紧迫时会花更多的时间来寻找特别合适的人来填补岗位空缺。总体来说，本轮衰退开始以来的曲线外移相对缓和，随着经济进一步复苏，曲线很可能内移。伯南克认为，与历史经验相类似，"大衰退"以来 Beveridge 曲线外移并不能表明结构性因素是导致衰退期间失业率大幅走高的主要原因（Bernanke，2012a）。

"大衰退"以来，失业的上升伴随着岗位空缺的大幅下降及失业在不同的产业和职位群体中广泛存在。在本次衰退中，房地产业和金融业失业人员特别多，但制造业和其他对周期敏感的行业也同样遭受重击，这些行业的就业复苏同样也是缓慢的。

进一步地，如果劳动技能不匹配导致某些行业的工人供给过度而另一些行业工人短缺，那么，不同行业的岗位空缺和失业的对比就变化较大。基于这一认识，可以构建不同行业和职位群体不匹配程度的数量指标。从指数走势来看，在本次衰退结束时不匹配指数高企，但衰退结束后，该指数就逐步下行，已经下降到本次衰退前的水平（见图 3.22）（Lazear and Spletzer，2012；Sahin et al.，2014）。

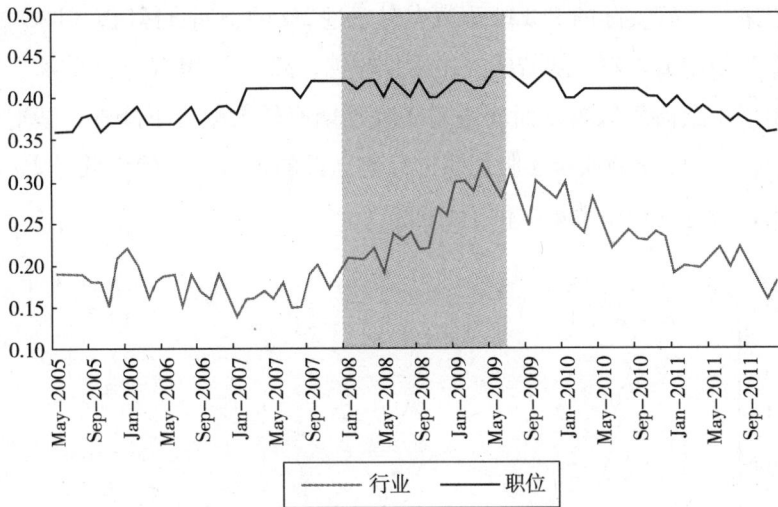

资料来源：转引自 Yellen（2013a）。

图3.22 不同行业和职位群体岗位空缺和失业之间的不匹配程度

另外，理论上讲，不同行业间岗位空缺和失业状况不匹配将导致岗位空缺率高的行业工资上升较快，而劳动力过度供给的行业工资上升则相对较慢，实证检验这种状况并不存在（Rothstein，2012）。总的来说，本轮衰退以来失业的增加主要是周期性的而不是结构性的（Yellen，2013a）。美联储也在2012年的货币政策会议上多次讨论失业问题，认为本轮危机以来美国失业问题主要是周期性的，美联储的宽松政策可以通过刺激总需求来降低失业率。

这表明，总需求的周期性短缺是经济复苏时期失业率高企的主要原因，高企的失业率可以通过刺激总需求扩张从而增强对劳动力的需求来大幅度地解决，这为货币政策提供了政策作用的空间。

从实施刺激性货币政策的现实性角度来看，较低的中短期通货膨胀预期给美联储提供了就业刺激空间。

由于货币政策发挥效用有时滞，故货币政策是基于中短期（一般为一至两年）经济金融状况的预测，而不是实际的经济金融状况作出决策的。美联储以每季度一次的频率对美国未来一至两年的经济金融状况作出预测。

美联储的价格目标是以个人消费者价格指数（PCEPI）的涨幅来衡量的。衰退结束以来，尽管实际的 PCEPI 涨幅有时超过 2% 的长期目标值，但从对未来两年通货膨胀预期值来看，随着经济的逐步改善，除了 2010 年 6 月的那次货币政策会议由于受欧债危机爆发而使通货膨胀预期有较大幅度下降外，基本保持平稳向上、逐步向 2% 的通货膨胀长期目标值靠近的走势，但始终低于 2%。这给美联储出台激进的货币政策提供了空间。

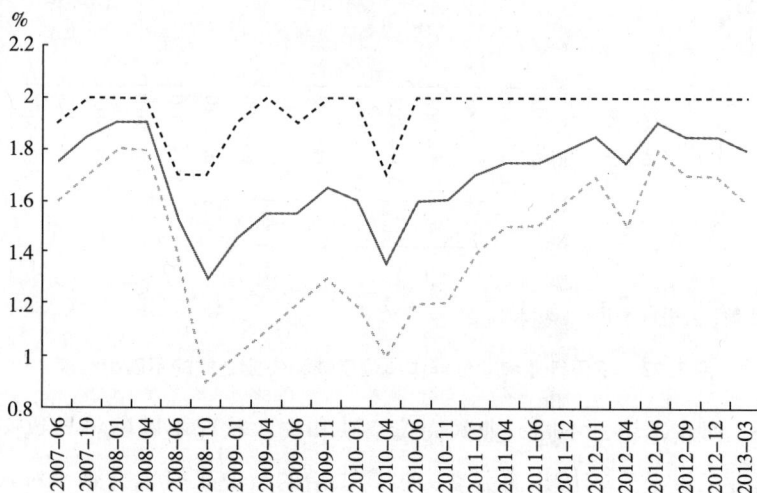

注：图中虚线为预测中心区间的上下限，实线为上下限的中值。

资料来源：美联储网站。

图 3.23　美联储 PCEPI 涨幅中期（两年左右）预测值

3.5　小结

通过上述分析，可以有以下基本结论：

1. 相对于第二次世界大战以来的其他各次衰退后的复苏，本轮复苏是最为迟缓的。这是由于：（1）财政政策在本轮复苏中促进复苏的作用很小，甚至是负作用；（2）住房部门对经济复苏贡献较小；（3）居民收入增长期望下降；（4）欧债危机等国外因素的影响。

2. 由于本轮危机肇始于房地产部门，房地产市场复苏疲弱导致建筑业改善迟缓，从而导致整体就业复苏迟缓。

3. 由于衰退开始以来，劳动参与率持续下降，劳动力市场的实际改善程度小于失业率的下降幅度，导致"大衰退"以来经济复苏与就业改善之间不同步，经济增长与失业率变化之间的关系偏离奥肯法则。

4. 美国就业市场面临新增就业缓慢及长期失业占比过高的挑战。就业增长缓慢主要是周期性的而非结构性的，这给以扩张性货币政策刺激就业增长提供了可能。

5. 危机以来长期通货膨胀预期稳定和中短期通货膨胀预期持续低于长期目标值，为美联储持续进行大规模的非常规政策提供了政策空间。

美联储的经济复苏政策[①]

在通常情况下，很多中央银行以政策利率为其政策工具。而在极端时期，即由于经济极度疲弱，政策利率降至零利率极限后仍不足以刺激经济时，中央银行并非无可作为，仍有足够的政策工具来刺激经济（Bernanke，2003）。在此次危机时期，美联储将联邦基金目标利率降至实质性的零利率水平，并采取非常规的政策手段，以刺激经济复苏。

本章共有四节。第一节明确美联储双重目标数值及其实现目标方式，第二节分析资产负债表政策，第三节分析利率前瞻性指引，第四节为本章小结。

4.1 明确美联储双重目标数值及其实现目标方式

4.1.1 明确双重目标数值

在 2012 年 1 月的议息会议后，美联储发表了"长期目标和货币政策策略

---

① 本章的研究得到 2013 年人民银行上海总部重点课题"本轮美国经济复苏及其复苏的货币政策框架"（吴培新，2013b）的支持，也可部分参见吴培新（2014）。

声明"（Statement of Longer – Run Goals and Monetary Policy Strategy），这是美联储货币政策决策体系的"共识声明"（Consensus Statement）。此后，这种声明将在每年1月的货币政策会议上进行讨论修改，预计其核心原则将继续保持不变，而仅仅作微小的修订（Yellen，2012b）。此后每年1月的政策声明证实了这一点。

在这一声明中，美联储提出了长期通货膨胀率为2%的目标，并提出了与这一长期通胀目标相匹配的最大可持续就业的目标区间（2012年确定为5.2%～6%）。这是美联储首次明确双重目标的具体数值。

从长期来看，通货膨胀率是单一地由货币政策决定的，中央银行可以决定长期通货膨胀水平。由于预期在货币政策的实施中起着非常重要的作用，公布明确的长期目标这一举措自身就能减少短期经济波动。在声明里提到，"就通货膨胀目标与公众进行清晰的沟通将使公众稳固地盯住长期通货膨胀目标，由此，促使价格稳定和长期利率适度，提高FOMC在重大经济动荡时推动就业最大化的能力"。也就是说，向公众提供更清晰的长期通货膨胀目标的目的就是使公众的通货膨胀预期更加稳固，更加稳固的通货膨胀预期反过来使FOMC能更自如地采取各种政策手段积极有效地平抑短期经济波动（Bernanke，2013）。由于长期通货膨胀预期平稳后，美联储可以容忍短期通货膨胀目标暂时偏离目标值，而不必担心公众会由于联储激进的政策而使公众的长期通胀预期发生变化，联储就可以采取更为有力的政策促进就业。2012年12月议息会议提出的加息门槛之一——未来一至两年通货膨胀预期不超过2.5%就是这种政策策略的一个例证。

而最大可持续就业水平是由经济结构和劳动力市场变化等因素决定的，中央银行对此基本没有影响力。然而，FOMC强烈感觉到需要向公众提供最大就业目标的数量解读。如果不这么做，就可能会误向公众传达出美联储在其双重使命中通货膨胀目标高于就业目标的政策取向（Yellen，2012b）。

美联储肩负促进就业和物价稳定的双重使命。在经济复苏时期，物价一般较低且较稳定，中央银行的政策重心更多地倾向于就业。自经济复苏以来的政策实践体现了这一思路。自美国经济复苏以来，美国以个人消费支出价格衡量的中期通货膨胀预期尽管大体上缓慢上升，但始终低于长期目标水平，美联储的政策选择就更多地倾向于刺激就业的增加，美联储采取设定通货膨胀目标的做法也是这一思路的体现。

4.1.2 以平衡方式实现双重目标

本轮危机以来，美联储官员及议息会议纪要均强调要以平衡的方式使经济向长期目标靠近。2012年1月的"长期目标和货币政策策略声明"明确了美联储如何实现长期目标，此后每年1月的声明也作了同样的表述。其表述为："在制定货币政策时，联邦公开市场委员会寻求减少与长期通货膨胀目标和委员会认为的最大就业水平的偏离。这些目标通常是互为补充的。然而，在委员会认为目标之间不是相互补充的情况下，委员会将考虑偏离的程度和预计就业、通胀回到双重使命相一致水平的潜在时间差异，采用平衡方式去实现目标。"

平衡方式有几重重要含义：第一，如果FOMC努力使目标偏离最小化，从较长时期来看，失业率和通货膨胀率将大致平等地分布在两大目标值水平的上方和下方。简单地说，比如2%是FOMC的通货膨胀目标值，其不应视为通货膨胀率的最大值，否则这将导致通货膨胀率更多地处在2%下方，这将无法与最大就业目标适当地匹配。因而，为使通货膨胀率在2%上下的机会基本相等，2%必须视为通货膨胀率波动的中心值。失业率也同样如此（Yellen，2012c）。第二，最大就业目标和价格稳定目标是同等重要的（Yellen，2012b）。这两个目标通常是互补的，但去实现这两个目标时可能使两者暂时发生冲突，比如，使通货膨胀率回到长期通货膨胀目标需要货币政策紧缩，而同时要使就业最大化又可能要放松货币政策。这时，决策者无须为追求某一个目标而牺牲另一个目标。第三，为减少一个目标的偏离，必须要允许另一个目标偏离其目标值，这是平衡方式的核心。比如，减少通货膨胀率有时可能需要货币收紧，这将短暂地导致失业率上升；反过来，一个降低失业率的政策可能短暂地导致通货膨胀高于目标值（Yellen，2012c）。第四，当通货膨胀率持续上升时，中央银行应更大幅度地上调名义利率，使实际利率上升，从而使通货膨胀率回落；同样，当存在产出缺口或就业缺口时，央行也应该采取足够有力的政策，使经济快速回到充分就业状态（Yellen，2012a）。

在本次经济复苏中，失业率远离长期目标，美联储应将政策重心放在降低失业率上，即便这些降低失业率的举措导致短期通货膨胀预期轻微、暂时地超过其2%的长期目标值也在所不惜（Yellen，2013c）。这增大了美联储经济刺激政策的力度和空间。

4.2　资产负债表政策

危机后，美联储在将联邦基金目标利率实质性地降为零以后，仍不足以刺激经济复苏，但由于受到零名义利率的约束而不能进一步降息，导致利率手段难以对经济提供进一步的刺激。[①] 在这种极端状况下，美联储不得不采取非常规的政策工具——资产负债表工具和利率的前瞻性指引。本节分析资产负债表政策。

资产负债表工具（Balance Sheet Tool）是指联储利用其资产负债规模及其构成的变化来影响经济，其主要是大规模的资产购买计划（也称为"量化宽松"）和期限延长计划（也称为"扭转操作"）。

4.2.1　资产负债表政策举措

按照《联邦储备法案》，美联储可以购买国债和机构债券（含政府支持机构发行的债券和由政府支持机构担保的按揭支持证券）。截至2014年末，美联储的资产负债表操作如下：

2008年11月25日，推出QE1，宣布购买机构债1 000亿美元、机构按揭支持证券（MBS）5 000亿美元。

2009年3月18日，追加购买7 500亿美元的MBS，从而使这类资产的规模到年底达到1.25万亿美元，追加购买1 000亿美元的机构债，从而使这种资产的规模到年底达到2 000亿美元，在未来6个月内购买3 000亿美元的长期国债。

2010年8月10日，宣布从机构债和机构按揭支持证券到期所得本金再投资于长期国债，美联储所持到期国债再投资于国债，以使美联储所持证券规模不变。

---

① 2012年以来丹麦、瑞士等国的负政策利率实践已经打破了零名义利率约束。

2010年11月3日，宣布推出QE2，即计划在2011年6月末前每月购买大约750亿美元、共计6 000亿美元的长期国债。

2011年9月21日，宣布在2012年年中前实施规模为4 000亿美元的期限延长计划——市场称之为"扭曲操作"（Operation Twist，OT）——并将从机构债和机构按揭支持证券到期所得本金再投资于机构按揭支持证券（吴培新，2011b）。

2012年6月20日，宣布将"扭曲操作"延至2012年底，规模约为2 670亿美元。

2012年9月13日，出台QE3，开放式地每月购买400亿美元的机构按揭支持证券，直至劳动力市场有显著改善。也就是说，加上机构债和机构按揭支持证券的到期本金再投资于机构按揭支持证券以及"扭曲操作"，每月大约有850亿美元投资于长期性的机构按揭支持证券（吴培新，2012a）。

2012年12月12日，出台QE4，即在年底"扭转操作"结束后，每月购买450亿美元的中长期国债以替代"扭转操作"，并将从机构债和机构按揭支持证券到期所得本金再投资于机构按揭支持证券，恢复到期国债转期操作。这样，自2013年始，美联储每月将购买债券850亿美元（吴培新，2012b，2013a）。

2013年12月18日，决定自2014年起减少债券购买规模，此后每次议息会议减少购债规模100亿美元，最终于2014年10月结束购债。在此期间始终维持本金投资及国债到期转期操作。

推出QE1的目的是降低按揭贷款利率，以缓解住房市场及整个信贷市场教紧的信用环境，并促进经济复苏。2010年11月推出QE2时提到了就业是美联储的目标之一，但QE2的直接指向还是经济复苏。

自2012年4月至2012年9月议息会议前，由于新增就业持续大幅低于经济稳健复苏所需的20万人，美联储于2012年9月推出QE3，QE3是开放式的MBS购买计划，其直接指向劳动力市场的改善状况，资产购买直至劳动力市场前景大幅改善，这使得政策工具与政策目标直接挂钩。QE4则仅仅是对扭转操作的替代，以压低国债的长端收益率。

从上述资产负债表政策来看，除了购买长期国债和扭转操作以改善信用市场整体环境外，购买MBS是美联储的政策重点，美联储意图通过刺激房地产市场的复苏来带动整体就业的增长。这是与本轮衰退以来的就业状况及房地产业在历次经济复苏中引领经济复苏的作用分不开的。

从就业状况来看，自从 2007 年 12 月开始的本轮衰退以来到 2010 年 2 月的就业谷底，其中建筑业就业减少占总就业减少人数的 22%，显然，建筑业就业人数的下降在整体就业人数的下降中占比较大；并且，如果考虑由建筑业导致的其他行业就业减少的间接效应，据劳工统计局的就业需求矩阵推算，则整体就业人数下降的近 40% 是由建筑业就业人数下降导致的（Sanchez and Thornton，2011）。

从房地产市场来看，危机以来房地产业去杠杆化，房价自 2006 年达到顶点至 2012 年第三季度前一直处于下行状态，房地产投资的疲弱，大幅低于 2006 年第一季度顶点时的水平，房地产市场的复苏明显滞后于整体经济的复苏。可以说，房地产投资的疲弱在很大程度上导致就业增长的缓慢。另外，房地产业的复苏除了能带动投资外，也对居民消费起到促进作用。房产财富是美国居民家庭财富的重要组成部分，房产价格的上扬能给消费带来财富效应，以此刺激消费增长，因而，房地产业的复苏历来是经济周期中引领美国经济复苏的重要力量。

4.2.2　量化宽松政策的沟通

资产购买的效果也取决于预期，因此，量化宽松和扭转操作除了通过市场供求关系影响相应资产及通过溢出效应影响其他资产的收益率外，也通过沟通来影响资产的长期收益率。

由于公众对有关联储持有资产的规模、时限的预期会影响长期利率的期限溢价，从而影响长期利率水平（Li and Wei，2012），因此，美联储也对量化宽松政策进行了前瞻性指引，其在 2012 年 9 月的议息会议声明上表示，在通货膨胀稳定的情况下资产购买直至劳动力市场前景将有大幅改善。美联储的这种以目标取向方式（Goal - oriented Approach）的开放式资产购买计划，使其最终的资产购买数量与就业目标上取得大幅进展直接挂钩。

4.2.3　量化宽松政策效果

理论和经验研究都表明，资产价格和收益率不仅仅受当期资产购买的影响，更重要的是受未来资产购买的影响。这表明，任何有关美联储资产负债表规模变化的信息都将影响金融市场。案例分析很清楚地体现了这一特点（见表4.1）。

表4.1 　　　　　长期资产收益率对美联储宣布资产购买计划的反应　　　单位：基点

	10年期国债	10年期通胀保值债券	30年期MBS	10年期BBB级公司债
2008年11月25日	−21	−24	−44	−16
2008年12月1日	−20	−22	−12	−25
2009年3月18日	−50	−49	−15	−47
2010年8月10日至11月3日	−15	−54	−13	−22

注：除最后一列外，本表列示的是宣布资产购买计划当日与前一日交易收盘时的收益率基点变化。

资料来源：转引自Yellen（2011）表1。

2008年11月25日，美联储宣布其将购买最高达6 000亿美元的机构MBS和机构债。一周后的12月1日，伯南克在一次讲话中进一步给出了资产购买细节。在2009年3月18日，美联储宣布其将追加8 500亿美元机构债和3 000亿美元的长期国债。每次发布消息都导致长期国债的名义和实际收益率以及机构MBS、公司债收益率的大幅下降。

2010年8月10日，美联储宣布其将到期的机构MBS和机构债的本金再投资于国债，在随后几个月里，美联储官员多次表态将进一步扩大资产购买，最终于11月3日宣布其将进一步购买6 000亿美元的长期国债。由于11月3日的美联储决定已基本被市场人士预计并消化，当日的市场反应较小，但从2010年8月10日至11月3日整个时期来看，加总的市场反应程度与前几次宣布资产购买计划时是相似的。

经验研究表明，资产负债表操作主要通过降低长期资产的期限溢价而降低其收益率，效果显著；同时，也有证据表明，资产购买也对其他金融市场有较好的外溢效应，导致家庭、企业的长期借贷成本下降，更高的资产价值评估以及其他金融条件的改善。研究表明，量化宽松政策对不同资产均有不同程度的影响。对美国国债市场而言，QE1降低了10年期国债收益率40～110个基点，

QE2 则降低了 10 年期国债收益率 15 ~ 45 个基点（Gagnon, et al., 2011；Hamilton and Wu, 2012；Krishnamurthy and Vissing - Jorgensen, 2011；Meaning and Zhu, 2011；Swanson, 2011；D'Amico, et al., 2012），而包括 QE1、QE2 和扭转操作的累积效应，使 10 年期国债收益率下降了 80 ~ 120 个基点（Li and Wei, 2012；Meyer and Bomfim, 2012）。对住房按揭市场而言，量化宽松政策推低了 MBS 收益率，并在一段时滞后传导到住房按揭贷款利率（Fuster and Willen, 2010；Wright, 2012；Hancock and Passmore, 2012）。同时，量化宽松政策也外溢到其他资产收益率，比如公司债（Krishnamurthy and Vissing - Jørgensen, 2011；Wright, 2012）。量化宽松政策显然也刺激了股价上扬，而股价上扬能增加消费和投资。

上述金融条件的改善对实体经济有较大的刺激作用。用美联储的 FRB/US 模型研究表明，QE1 和 QE2 导致产出增加近 3 个百分点，失业人员减少逾 200 万人（Chung, et al., 2012）。当然，由于本次危机较为严重，货币政策传递渠道受到影响，因而，量化宽松政策的宏观经济效应的评估应当是谨慎的（Bernanke, 2012b）。比如，严格的按揭贷款承销标准降低了按揭利率下降的刺激作用；宏观经济效应的估计取决于量化宽松政策对金融条件改善的持续性状况，而不同的方法估计所得出的持续性是不一样的。①

4.2.4 期限延长计划

期限延长计划（Maturity Extension Program），某些市场人士称之为"扭转操作"（Operation Twist），是指联储出售或偿还短期国债，以其取得的收入购买长期国债的操作。这将使联储所持资产的平均期限延长。在 2011 年 9 月 FOMC 宣布了 4 000 亿美元的计划，这一计划于 2012 年中结束。在 2012 年 6 月，FOMC 宣布将该计划延续至年底，其规模为 2 670 亿美元。

该计划减少了市场上长期国债的供应，促使包括与长期国债有较高替代关

---

① 比如在对 QE2 经济效应的研究中，Fuhrer 和 Olivei（2011）认为该政策导致产出增加略小于 1% 和就业增加 70 万人。而用不同办法，Kiley（2012）发现经济效应要小得多，Baumeister 和 Benati（2010）则认为要大很多。

系的诸如按揭贷款、公司债以及向家庭和企业的贷款等金融资产在内的长期利率有向下压力，长期利率的下降反过来导致金融市场条件普遍放松，这给经济复苏提供进一步的支持——尽管支持力度难以准确估算。各种研究表明，期限延长计划导致长期收益率有一定幅度的下降（吴培新，2011b）。当然，该计划出售短期国债将导致短期利率有一定的向上压力，但是，由于美联储的低利率承诺，扭转操作不大可能对短期国债的利率有较大影响。

该计划实施后，美联储国债资产的期限从 2011 年 9 月底的大约 75 个月上升到 2012 年 6 月底的大约 100 个月，在 2012 年底进一步上升到大约 120 个月。该计划完成后，美联储将几乎不再拥有 2016 年前到期的国债。各时点美联储资产期限的具体分布如表 4.2 所示。

表 4.2　　　　　　期限延长计划实施前后美联储国债资产期限分布　　　单位：%

	1 年以下	1~5 年	5~10 年	10 年以上
2011 年 8 月底	9.48	43.49	35.09	11.93
2012 年 6 月底	3.26	31.48	45.28	19.98
2012 年底	0.00	22.72	51.76	25.52

资料来源：由作者根据美联储网站数据计算而得出。

4.3　利率前瞻性指引

由于联邦基金利率已经为零，美联储实施了大规模资产购买计划，这使公众难以预测联储如何执行货币政策，货币政策是如何对经济运行作出反应及货币政策是如何影响经济运行的。在这种情况下，美联储开始依赖有关未来政策利率路径的前瞻性指引。这些前瞻性指引必须被公众理解并信任，这样，就可以为公众在作借贷、支出决策时提供可靠的参考，从而发挥其政策效用。

4.3.1　利率前瞻性指引举措

由于政策利率已经于 2008 年底降至零，利用非常规的利率指引来调整货币政策立场几乎完全是通过沟通来实现的。[①] 危机以来，美联储已经多次运用前瞻性指引来引导公众对未来利率的预期。分别为：

2008 年 12 月 16 日，宣布超低利率将维持一段时间（for Some Time）。

2009 年 3 月 18 日，宣布超低利率将维持较长时期（for an Extended Period）。

2011 年 8 月 9 日，宣布维持超低利率至 2013 年中。

2012 年 1 月 25 日，宣布将超低利率延至 2014 年底。

2012 年 9 月 13 日，宣布将超低利率延续至 2015 年中。

2012 年 12 月 12 日，宣布：只要失业率高于 6.5%，未来 1～2 年的短期通货膨胀预期不高于 2.5%[②]、长期通货膨胀预期稳定的情况下将继续保持超低利率不变。[③] 当然，正如美联储一再强调的，上述条件仅仅是门槛而不是加息的触发因素，也就是说，即便达到上述条件，也不意味着立即加息。

2014 年 3 月 19 日，美联储的政策声明中不再出现 6.5% 的失业率、2.5% 的短期通货膨胀预期等指标，代之以"在资产购买计划结束后相当长一段时间里将联邦基金目标利率维持在当前区间是适合的"；并进一步表示，"即便就业和通货膨胀接近与双重目标相一致的水平，经济条件可能使联邦基金目标利率低于 FOMC 认定的长期正常值水平是必要的。"

总体来看，在两次期限不确定的零利率承诺后，在 2011 年 8 月开始进行了三次明确的期限承诺：2011 年 8 月 9 日，宣布维持超低利率至 2013 年中，零利率期限为近 23 个月；2012 年 1 月 25 日，宣布将超低利率延至 2014 年底，零利率期限为近 35 个月多；2012 年 9 月 13 日，宣布将超低利率延续至 2015 年中，零利率期限为近 34 个月。随后于 2012 年 12 月又进行了一次零利率承诺。

从美联储利率承诺的变化中可以看出，随着经济形势的变化及时间的推移，利率指引的时点也逐渐延后，同时利率指引的方式也发生了变化：（1）由不确

[①] 当然并非要等到政策利率为零时才需要利率的前瞻性指引。在 2003 年 8 月，当时政策利率为 1%，经济从 2001 年的衰退中复苏但极其疲弱，失业率高企，为表明低利率将比市场预期的时间更长，美联储在政策声明中提及，"在这些情形下，委员会相信政策宽松可以保持相当长时间。"

[②] 这是基于预测的而不是实际已经发生的以 PCEPI 衡量的通货膨胀指标，从而可以避免由临时性因素（如食品、能源价格的短暂上涨）导致通货膨胀率超过 2.5% 而引发的政策紊乱。

[③] 联储官员中较早提出要用经济指标作为未来利率指引的是芝加哥联储主席 Evans（Evans，2011，2012；Yellen，2012c）。

定的"较长时间"转变为明确的在某时点前保持零利率；（2）由日期指引（Calendar Guidance）向经济指标指引转变。指引方式变化的一个突出特点是由不确定性、模糊变得确定、清晰，增强了货币政策的透明度，使公众更易于理解并形成较明确的预期。

4.3.2　利率前瞻性指引的理解

（一）零利率期限承诺的理解

2011年8月9日，美联储宣布维持超低利率至2013年中，这是美联储历史上第一次如此明确地对利率政策给出时间表。随后又两次宣布进一步延长零利率期限。

尽管美联储于2011年8月9日出台零利率期限承诺的举措受到当时美国经济增长放缓及欧债危机蔓延的影响，但更多则是针对标普于2011年8月5日下调美国主权信用评级而引发的全球金融市场大幅动荡，是给市场吃一颗"定心丸"，以稳定当时急剧动荡的局势（中国人民银行上海总部调查统计研究部课题组，2011）。

在通常情况下，调整联邦基金利率是美联储调控经济的几乎唯一的政策手段。美联储的利率承诺显然大大缩减了美联储未来可以操作的政策空间。美联储之所以敢于"作茧自缚"，主要是源于以下几个方面的原因（吴培新，2011a）：

一是对美国未来的通货膨胀预期是稳定的，且经济存在下行风险。根据美联储货币政策委员会历次预测，个人消费支出价格在未来几年内是稳定的，低于2.0%的目标值。从更长时期的通货膨胀预期来看，根据路透社—密歇根大学消费者调查、美联储下属机构收集整理的专业预测人士调查和远期防通货膨胀国债所显示的通货膨胀水平来看，未来5~10年的通货膨胀预期均是稳定的。

值得关注的是，美联储大部分货币政策委员会成员认为当时经济下行风险异常高，导致下行风险的因素包括：食品、能源价格上升对消费支出的负面影响，以及劳动力市场疲弱、房价下跌、欧债危机及财政政策问题等。

在未来通货膨胀预期稳定且经济存在下行风险的情况下，美联储在危机后相当长的一段时期里的主要任务至少是刺激经济增长而不是防范通货膨胀，因而不大可能采用加息的方式来调控经济。

二是美联储资产负债规模巨大，一旦经济好转和通货膨胀率上升，其可采用减持资产、收回市场流动性等方式来实行对经济的调控。美联储实施量化宽松政策后，美联储的资产负债规模大幅膨胀，美联储当时持有近三四万亿美元资产，在危机前仅为 8 740 多亿美元。也就是说，一旦经济好转或通货膨胀上升，美联储可以通过减持资产的方式来收回金融体系的流动性。

三是美联储可以通过调整其资产结构，改变中长期收益率，从而引导相应市场的中长期市场利率。在资产总规模保持不变的情况下，美联储可以调整其资产构成，影响相应市场的中长期利率，从而对经济起到有效的调控作用。比如，当经济转热时，可以抛售长期国债，导致长期国债收益率上升，引导相应期限的借贷利率上升，从而对经济产生收缩作用。

四是美联储还可以用加强与公众沟通的方式来引导市场利率。对实体经济起到实质性影响的是中长期市场利率，而不是隔夜的政策利率，美联储可以用加强与公众沟通的方式来引导市场对美联储未来三年左右的政策预期，从而引导中长期市场利率变化，达到美联储调控经济的效果。

显然，当时美联储有足够的政策工具来调控经济，美联储的承诺看似"作茧自缚"，实质上美联储仅仅是抛弃了未来两三年内不大可能使用的政策工具——加息，并没有真正束缚自己的手脚，反而是给市场吃了一颗"定心丸"。

（二）零利率经济指标承诺的理解

2012 年 12 月的利率前瞻性指引首次将零利率承诺期限与经济指标挂钩，其有两大创新：

一是利率指引由日期转向经济指标。2012 年 12 月的议息会议在沟通上取得较大进展，首次将利率指引由日期转向经济指标。如果还是运用日期作为加息时点，这将使公众很难判断加息时点的变化是由经济前景变化引起的，还是由美联储对于政策宽松程度的立场发生了变化引起的。由于货币政策在相当大的程度上是通过公众对美联储的政策预期而发生作用的，这种区分是很重要的。另外，日期指引中的期限承诺不是无条件的——用了"当前预计"（Currently Anticipate）这个词，这表明随着经济金融状况的变化，零利率期限可能延长也可能缩短，这给市场传递的信息不确定性较大。而用经济指标则可避免这个问题。总的来看，将加息时点与经济指标挂钩，增强了政策透明度，使公众更易于理解并形成较明确的预期；并且，在新的经济信息来临时立即调整加息的预期，这种反应有点像经济的"自动稳定器"——如果未来经济走弱，将自动导致预期的加息时点延后；反之则相反（Yellen，2012c）。

二是强化更长时期保持低利率的承诺。从理论研究来看，相比于由经济金融正常时期的政策规则得出的低利率期限，美联储需要将低利率维持的时间更长。这是基于很多因素：需要应对异常的"逆风"（Williams，2009）；接近零利率时的风险管理要求（Orphanides and Wieland，2000）；弥补由于零利率约束而不能使利率进一步下降（Reifschneider and Williams，2000）；最优政策应该包含缓慢的、惰性的利率调整（Woodford，2003a）。

从政策实践来看，2012年9月议息会议声明在沟通上取得了一些新的进展（Yellen，2012c）。表现为：（1）美联储的最优控制技术下的仿真研究认为，美联储最初加息日期为2015年中，要晚于任何简单规则所预期的日期。这与其议息会议声明里的"在经济复苏增强后相当长一段时间里继续保持高度宽松的货币政策立场是适合的"相一致。（2）开始加息后，联邦基金目标利率仍须低于修订后的泰勒规则所显示的水平一段时间，这表明加息将是缓慢的。

2012年12月的议息会议则进一步强化了更长时期保持低利率承诺的策略。在正常时期，美联储将在失业率降至6.5%前就开始收紧货币政策。而在本轮经济复苏中，美联储承诺，只要失业率处于6.5%上方和中期通货膨胀预期不超过2.5%，货币政策就不会收紧。上述利率指引指的是门槛而不是加息的触发因素。比如，当通货膨胀率明显低于2%的政策目标时，即便失业率降至6.5%以下，美联储仍可能推迟加息行动。另外，当失业率的下降主要是由于失业人员对再就业失望而放弃寻找工作时，FOMC认为失业率显著低估劳动力市场的实际疲弱程度，这种情况也会导致美联储推迟加息行动。这给市场发出了强烈的美联储支持经济复苏的信号（Yellen，2013b）。

在2012年9月的议息声明中首次提到"这种高度宽松的货币政策立场在经济复苏增强后仍将保持相当长的时间"。而在2012年12月议息决议上则增加了新内容，变更为"这种高度宽松的货币政策立场在资产购买计划结束和经济复苏增强后仍将保持相当长的时间"。这些内容实际上给出了美联储的加息条件。也就是说，仅仅是经济恢复增长尚不足以支持美联储上调利率，未来只有失业率从高位回落至 6.5%、中短期通货膨胀预期上升至 2.5%，美联储才会考虑加息；且一旦加息，加息进程将是缓慢渐进的，这与美联储以往的渐进主义货币政策策略是相一致的。

4.3.3　利率前瞻性指引的效果

推出联邦基金利率路径的前瞻性指引能改变货币条件。在 2008 年 12 月 16 日前瞻性指引首次推出后，市场预期的未来联邦基金利率水平就有较大幅度的下降（见图 4.1）。

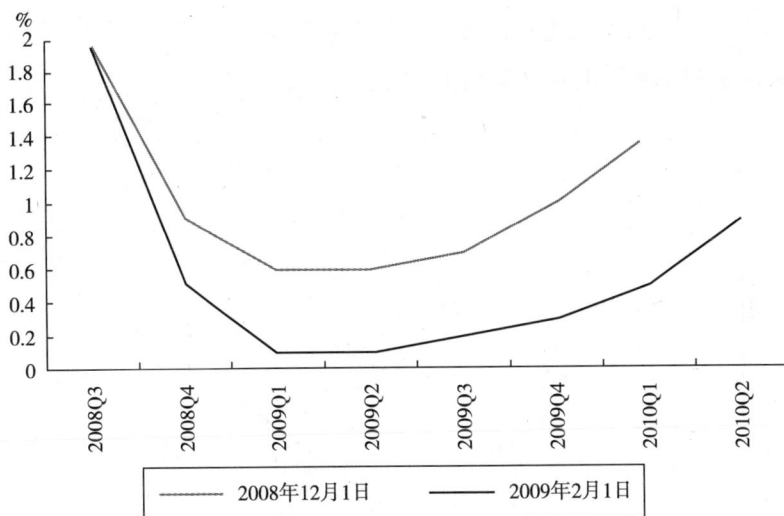

注：本图是专业人员对未来 0～6 个季度联邦基金利率季度平均值的预测值，虚线是 2008 年 12 月 1 日的预测值，实线是 2009 年 1 月 1 日的预测值。

资料来源：转引自 Yellen（2011）图 1。

图 4.1　利率前瞻性指引对未来联邦基金利率预期的影响

就未来利率进行前瞻性指引的目的是降低长期利率，并以此来刺激经济复苏。一般而言，长期利率是与未来预期的短期利率平均值同方向变化的。美联储在未来相当长一段时间里保持零利率的承诺将拉低长期利率。另外，就未来政策利率进行明确的沟通和承诺将减少未来利率变化的不确定性，降低包含在长期利率里的风险溢价，从而降低长期利率。经验研究表明，利率前瞻性指引对长期利率产生相当可观的影响（Swanson and Williams，2014；Woodford，2012）。

当然，这些前瞻性指引是有条件的。在2009年11月的议息会议声明里就特别指出了这些条件——"资源利用率低，通货膨胀走势疲弱以及通货膨胀预期稳定"。这些用以提高指引效果的条件导致的一个重要后果是：即便在前瞻性指引没有改变的情况下，市场根据经济金融形势变化而调整其对未来联邦基金利率的预期。比如，在2010年4—11月，由于经济、价格走弱以及欧债危机的影响，市场预期未来基金利率水平逐步下降（见图4.2）；相反，2010年11月至2011年2月由于经济数据更加乐观及市场对可持续的经济复苏更有信心，市场预期未来基金利率水平上升（见图4.3）。

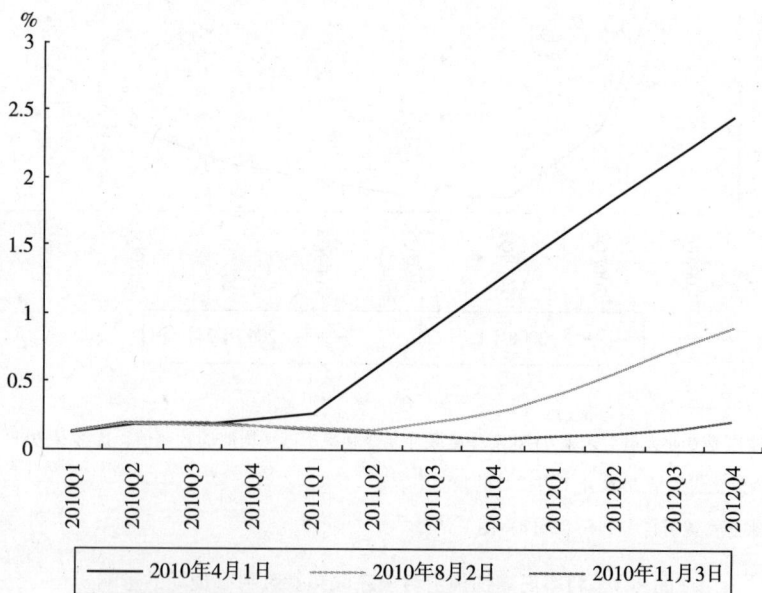

注：图形描述的是市场预期的未来0～12个季度联邦基金利率水平。

资料来源：转引自 Yellen（2011）图2。

图4.2 前瞻性指引的条件性与联邦基金利率预期的变化：2010年4—11月

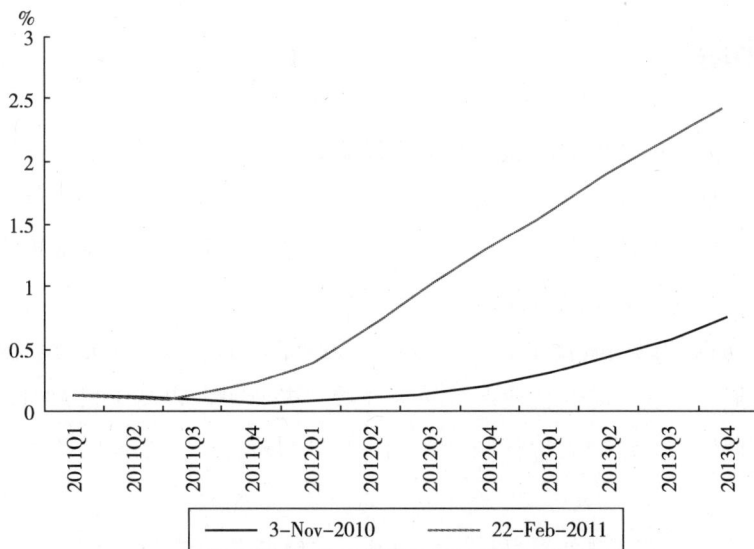

注：图形描述的是市场预期的未来 0～12 个季度联邦基金利率水平。

资料来源：转引自 Yellen（2011）图 2。

图 4.3　前瞻性指引的条件性与联邦基金利率预期的变化：2010 年 11 月至 2011 年 2 月

复苏以来，美联储的非常规政策将货币政策工具与经济前景更直接地联系起来，前瞻性指引在内的预期管理在复苏时期的货币政策传导中起着重要作用。这是一种基于预期货币政策操作方式（Forecast – based Approach），决策者将他们的中期目标告知公众，并随着时间的变化试图变换所需的政策工具来实现这些目标（Bernanke，2013）。相反，基于工具的方式（Instrument – based Approach）则是向公众提供有关决策者是如何计划改变政策工具（通常为联邦基金利率）以应对经济状况变化的信息（Svensson，2003）。

这种基于预期货币政策操作方式的益处是显而易见的：（1）向公众提供额外的有关经济前景和未来政策计划的信息能帮助美联储克服零利率的约束，特别是将未来政策反应与经济指标挂钩，能增强货币政策宽松程度；（2）将未来加息时点与日期脱钩转而与经济指标挂钩，增强了政策透明度，使公众更易于理解并形成较明确的预期；（3）在新的经济信息来临时立即调整加息的预期，这能起到稳定经济的作用。

4.4 小结

危机后需要中央银行的宽松政策，以刺激经济复苏。鉴于本次房地产危机的严重性，且受国内"财政逆风"和国外欧债危机影响，美国经济复苏缓慢且不稳定，存在较大的再度衰退风险。在零利率下，美联储采用非常规货币政策来刺激经济复苏。美联储非常规政策有以下特点：

1. 复苏时期以刺激就业为政策重点。美联储以价格稳定和充分就业为其政策目标，但是，鉴于此次就业形势极为严峻，失业率大幅高于目标值，长期通货膨胀预期稳定而短期通货膨胀预期低于长期目标值，美联储的政策重点是刺激就业。

2. 以平衡方式实现美联储的双重目标。美联储以平衡方式实现其双重目标，表明这两个目标是同等重要的。为减少一个目标的偏离，要允许另一个目标偏离其目标值，这是平衡方式的核心。在本轮经济复苏中，失业率远离长期目标，美联储将政策重心放在降低失业率上，在实施降低失业率的政策时应当允许短期通货膨胀预期轻度、暂时地超过其长期目标值，即货币政策的设定是基于失业率更快下降所获得的利益与暂时、小幅的通货膨胀超过长期目标值的损失之间的平衡而确定的。

3. 在无法使用传统的政策工具使货币条件进一步宽松后，仍可采用非常规政策手段来刺激经济。在政策利率已经降为零、常规的利率手段难以对经济实施进一步刺激的情况下，美联储资产负债表工具和利率前瞻性指引等非常规政策使货币环境进一步宽松，以此刺激经济复苏。

4. 刺激房地产业复苏是美联储的政策重点。房地产业的复苏历来是经济周期中引领美国经济复苏的重要力量。在本次复苏中，美联储在量化宽松政策中大量购买机构 MBS，以此刺激房地产市场的复苏。

危机以来美联储资产负债状况的演变

危机以来，在联邦基金目标利率维持在 0~0.25% 的低水平的同时，美联储一系列激进和创造性的政策措施大多体现在美联储资产负债表规模和结构的变化上，因而，了解美联储资产负债规模和结构的演变，就能较好地理解美联储的危机干预政策和经济复苏政策。

本章共有五节。第一节介绍美联储资产负债表主要项目，第二节分析危机前美联储资产负债状况，第三节分析危机以来资产方的主要变化，第四节分析危机以来负债方的主要变化，第五节是小结。

5.1 美联储资产负债表主要项目

危机以来，由于美联储利用各种手段来进行危机干预及经济刺激，美联储资产负债表的主要项目也发生了变化——有些项目是在危机开始后新设的，有些新设项目又在危机结束后取消。本节将简要介绍美联储资产负债表主要项目，以便理解美联储的危机干预和经济刺激政策。

从表 5.1 可以直观地看出，危机以来美联储的资产负债表规模急剧膨胀。从

表 5.1　危机以来美联储资产负债的变化

单位：亿美元

	2007年8月1日	2007年末	2008年末	2009年末	2010年末	2011年末	2012年末	2013年末	2014年末
黄金凭证证账户	110	110	110	110	110	110	110	110	110
特别提款权凭证账户	22	22	22	52	52	52	52	52	52
硬币	11	12	17	20	22	23	21	20	19
证券、回购协议和贷款	8 203	8 065	12 262	20 578	22 644	27 239	28 300	39 526	44 254
持有证券	7 908	7 546	4 956	18 448	21 557	26 134	26 603	37 562	42 369
美国国债	7 908	7 546	4 759	7 766	10 161	16 721	16 569	22 088	24 614
机构债	0	0	197	1 599	1 475	1 040	768	572	387
MBS	—	80	80	9 083	9 921	8 373	9 266	14 902	17 368
持有证券的未清偿升水	84	80	80	506	665	1 038	1 707	2 086	2 068
持有证券的未清偿贴水	−39	−31	−15	−32	−29	−24	−16	−124	−184
回购协议	248	425	800	0	0	0	0	0	0
TAF	—	—	4 502	759	0	0	—	—	—
其他贷款	2	45	1 939	897	451	91	6	2	1
CPFF 净值	—	—	3 341	141	0	—	—	—	—
MMIFF 净值	—	—	0	—	—	—	—	—	—
新设通道公司资产净值	—	—	270	267	270	72	14	15	17
新设通道公司Ⅱ资产净值	—	—	201	157	162	93	1	1	0
新设通道公司Ⅲ资产净值	—	—	268	227	231	177	0	0	0
TALF 公司资产净值	—	—	—	3	7	8	9	1	0
友邦保险曙光公司和美国人寿保险控股公司优先股	—	—	—	250	261	0	—	—	—
在途资金	24	19	10	3	3	4	1	2	1
联储房产及设备	21	21	22	22	22	22	23	23	23

续表

	2007年8月1日	2007年末	2008年末	2009年末	2010年末	2011年末	2012年末	2013年末	2014年末
中央银行流动性互换	0	140	5 537	103	1	998	89	3	15
其他资产	98	91	74	155	165	205	200	246	275
外币计价资产	213	226	259	253	257	257	251	238	211
总资产	8 702	8 706	22 393	22 341	24 206	29 260	29 071	40 237	44 977
联储纸币	7 770	7 918	8 532	8 897	9 437	10 345	11 246	11 979	12 987
逆回购协议	315	405	884	705	592	887	999	3 159	5 098
存款	223	163	12 480	12 092	13 188	17 320	16 173	24 457	26 270
存款类机构定期存款	0	0	0	0	51	0	0	0	0
存款类机构其他存款	171	114	8 600	10 253	10 207	15 693	15 327	22 491	23 780
财政部一般账户	48	45	1 061	1 498	889	914	557	1 624	2 235
财政部补充融资账户	—	—	2 593	50	2 000	0	—	—	—
外国官方	1	1	14	23	37	4	62	80	52
其他	3	3	212	268	4	709	227	262	203
延迟可用现金	39	22	25	22	19	15	8	11	6
其他负债和应计股息	20	26	53	105	404	157	101	80	43
总负债	8 367	8 534	21 974	21 821	23 640	28 724	28 527	39 686	44 404
实付资本	166	184	211	256	265	269	274	275	286
盈余	154	155	211	215	260	269	274	275	286
其他资本账户	16	33	0	50	41	0	0	0	0
总资本	338	372	422	521	566	538	548	550	572

注：一表示在该时点尚未开设或开设后已经终止的栏目。

资料来源：美联储网站 FRB_H41。

资产方来看，在危机期间与危机干预相关的主要表现为 TAF、CPFF 净值、中央银行流动性互换等栏目余额的大幅增长，在经济复苏期间则表现为持有的美国国债、机构 MBS 等证券数额的快速增长；从负债方来看，主要表现为存款机构在美联储的存款快速增长。下面对危机以来资产负债表中变化较大的项目进行简要说明。

（一）证券、回购协议和贷款

1. 持有证券

美联储持有的证券包括美国国债、机构债和 MBS。机构债和 MBS 是危机后新增加的券种，增加机构债主要是在危机期间为了支持房地美、房利美和吉利美等联邦机构，增加 MBS 主要是在经济复苏时期为了刺激房地产市场复苏，以此带动经济复苏。

2. 持有证券的未清偿升水

美联储在其资产负债表上记录的是持有证券的面值而不是市场价值。如果美联储购买证券的价格超过面值，超过面值的升水要进行摊销。之所以用升水这种方式处理，是因为在证券到期后美联储只能收到证券的面值而不是其购买时的支付价。

3. 持有证券的未清偿贴水

与持有证券的未清偿升水相类似，只是情况正好相反，不再赘述。

4. 回购协议

回购协议是一种交易方式，反映的是联储的某些临时性操作，指美联储从一级交易商那购买证券且约定在未来某一时点售还给一级交易商。通过这种方式，联储可以在回购协议期间将准备金提供给银行体系。

5. 短期拍卖信贷：在 TAF 计划下，美联储向存款机构拍卖短期资金。所有被当地储备银行判断为财务状况健康以及有资格在最惠信贷贴现窗口计划下借款的存款机构都有资格参与 TAF 拍卖。所有贷款必须在抵押品打一个合适的折扣后足额担保。

6. 其他贷款

其他贷款包括最惠贷款、次级贷款、季节贷款、一级交易商融资便利（PD-FF）、资产支持商业票据货币市场共同基金流动性便利（AMLF）、商业票据融资便利（CPFF）、向 AIG 贷款、定期资产支持证券贷款便利（TALF）、资产支持商业票据货币市场共同基金流动性便利（AMLF）等。

（二）新设通道公司资产净值

新设通道有限责任公司持有资产净值：为使摩根大通成功兼并贝尔斯登，纽约联储创设了新设通道公司并向其放贷。新设通道公司是有限责任公司，其成立的目的是购买某些贝尔斯登的资产并对这些资产进行管理，以使发放给其的贷款能有最大的回报，并尽量减少对金融市场的冲击。这一项目反映的是这一公司持有资产的市场公允价值。由于纽约联储是这一 LLC 的主要受益人，这一公司的资产和负债反映在纽约联储的账户上。

（三）新设通道公司 II 资产净值

新设通道有限责任公司持有资产净值：2008 年 12 月 12 日，纽约联储开始向新设通道公司放贷，这一公司的成立是政府金融支持 AIG 重组的一部分，以便从 AIG 分支机构购买住宅按揭支持证券（RMBS）资产。这一项目反映了这一 LLC 持有的 RMBS 的市场公允价值。由于纽约联储是这一公司的主要受益人，这一公司的资产和负债反映在纽约联储的账户上。

（四）新设通道公司 III 资产净值

新设通道有限责任公司 III 持有资产净值：2008 年 11 月 25 日，纽约联储向新设通道公司放贷。这一公司的成立是为了购买多层抵押债务凭证（CDO），AIG 的金融产品事业部已经承销这些 CDO 的信用违约互换（CDS）合同。这一项目反映了由这一 LLC 持有的 CDO 的市场公允价值。由于纽约联储是这一公司的主要受益人，这一公司的资产和负债反映在纽约联储的账户上。

（五）TALF 公司资产净值

TALF 公司（定期资产支持证券贷款便利有限责任公司）持有资产净值：通过 TALF 提供给合格借款人的贷款是无追索权的，这意味着：如果借款人放弃抵押品，借款人的还款责任是可以免除的。当借款人不归还 TALF 贷款时，这一公司就购买和管理纽约联储手中与不归还 TALF 贷款相关的任何证券。这一项目反映了这一 LLC 持有的资产支持证券和其他投资的市场公允价值。由于纽约联储是这一 LLC 的主要受益人，这一 LLC 的资产和负债反映在纽约联储的账户上。

（六）友邦保险曙光有限责任公司和美国人寿保险控股公司优先股

友邦保险曙光有限责任公司（AIA Aurora LLC）和美国人寿保险控股公司（ALICO Holdings LLC）是两个有限责任公司，其创设的目的是直接或间接持有 AIG 旗下的友邦保险（American International Assurance Company Ltd., AIA）和美国人寿保险公司（American Life Insurance Company, ALICO）。AIG 将继续保持对友邦保险曙光有限责任公司和美国人寿保险控股公司的控制，纽约联储将持有关于优先权益的批准、处置和转换等权利。

（七）中央银行流动性互换

联储与一些外国中央银行建立货币互换安排（中央银行流动性互换），以向美国海外市场提供美元流动性。当外国中央银行从互换中提取流动性时，它向联储以汇率市价出售一定数量的本国货币。联储取得的外国货币被放在联储开设在该外国中央银行的账户上，联储提供的美元则被存放在该外国中央银行在纽约联储开设的账户上。在流动性互换发生时，联储和外国中央银行就同时进入第二个交易的捆绑协议，在第二个交易里，外国中央银行有义务在将来的某一时点以相同的汇率回购其本国货币。在第二个交易结束时，外国中央银行按市场利率向联储支付利息。中央银行流动性互换有从隔夜到 3 个月的各种期限。

（八）逆回购协议

逆回购协议是一种交易方式，在这一协议下，证券先出售给一些交易对手方，后以同样的价格加上利息在某一特定时点购买回来。逆回购协议可以与外国官方和国际组织之间进行。所有逆回购协议都是在公开市场上操作的一次管理准备金的供给。在逆回购期间，逆回购操作可以从银行体系中抽取准备金。

（九）存款

这一项目是存款类机构持有的定期存款、存款类机构其他存款、财政部一般账户、财政部补充融资账户、外国官方账户和其他存款的总和。

1. 存款机构持有的定期存款（Term Deposits Held by Depository Institutions）

美联储对存款机构在美联储的定期存款付息。这些定期存款与存款机构在美联储的主账户和超额存款准备金账户都是分离的。定期存款是美联储用来管理准备金余额总量的货币政策工具。

2. 存款机构持有的其他存款（Other Deposits Held by Depository Institutions）

该账户反映存款机构在联储拥有的余额，包括准备金余额和服务相关的余额。

3. 财政部一般账户（U. S. Treasury, General Account）

这个账户是美国财政部开设在美联储的主要操作性账户，几乎所有美国政府的支出是通过这个账户进行的。只要是个人所得税和其他税收支付等一些税收收入是直接向财政部支付的，就存入这个账户。这个账户也作财政部发售国债后收取资金之用。

4. 财政部补充融资账户（U. S. Treasury, Supplement Financing Account）

在危机期间，随着联储流动性便利的急剧扩张，财政部同意在联储设立补充融资账户。在补充融资计划下，财政部发行国债，并将其收入存入这个补充融资账户，以在一定程度上帮助抵消由联储各种流动性便利而导致的银行准备金余额的快速上升。

5.2 危机前美联储资产负债表状况

在危机前，几十年以来，美联储资产负债表中的资产方主要是由国债构成，负债方主要是由流通中的现钞构成，国债和流通中的现钞分别占美联储资产负债表资产方和负债方的90%左右。这表明，本轮危机前美联储基本没有社会信用中介的功能（Stella, 2009）。

从美联储资产负债表的时间序列来看，几十年以来其规模保持小幅稳步增长态势，并且几乎全部是被动地由公众对流通中现钞的需求增长推动的，由联储主动性政策导致的资产负债规模变化是极其小的（Stella, 2009）。① 一般情况下，美联储的货币政策是通过调整目标利率实施的。在这样的货币政策框架下，美联储的现钞供应不对货币政策产生影响，美联储仅仅是根据公众的需求简单地、被动地供应相应数量的现钞，在美联储的负债方表现为联储纸币数量的增

---

① 这里的公众也包括美国境外的居民主体。据统计，有一半左右的美元现钞是被境外的居民主体持有的。

长。如果现钞供应导致基金市场利率偏离目标利率，中央银行可通过公开市场操作将市场利率拉回到目标利率水平。^① 美联储通过在二级市场买入国债的方式来供应现钞，这样，在美联储的资产方就表现为国债数量的增长。从长期来看，美联储持有国债数量的增长取决于流通中现钞数量的增长。危机爆发前夕的2007年8月1日，美联储的总资产为8 702亿美元，总负债为8 367亿美元（见表5.1）。

危机前，在美联储的资产负债表中，变化最活跃的是回购（Repos）和银行存款（Bank Deposits）这两个栏目，这是由货币政策操作导致的。银行间同业拆借是通过调整各自在美联储的存款准备金余额的方式进行的，美联储也参与银行间市场，以使按加权平均的同业拆借利率保持在FOMC确定的目标利率水平上。FOMC对设在纽约联储的联邦公开市场账户的管理进行指导，确定准备金的供应，以使基金市场在目标利率的水平上达到均衡。纽约联储根据其对银行准备金的预测，每天利用回购拍卖（Repo Auction）来影响准备金的供应，这导致流动性提供回购和银行存款这两个栏目的数额频繁波动。值得一提的是，尽管货币政策操作导致美联储资产负债表的规模发生频繁变动，但货币政策对美联储资产负债表的影响相当小。显然，这仅仅是经济金融正常时期的情形，本次危机以来美联储的政策操作改变了这种货币政策与中央银行资产负债表的关系。

5.3 危机以来美联储资产方的主要变化

在危机期间，恐慌导致金融体系流动性短缺，美联储发挥"最后贷款人"的功能向金融体系注入大量流动性。在危机结束后的经济复苏时期，美联储采用了量化宽松政策等非常规政策手段以刺激经济复苏，量化宽松政策的实施主要反映在美联储资产负债规模的扩张上（吴培新，2010）。

5.3.1 危机以来美联储资产规模和结构变化

自2007年8月危机爆发至2008年8月期间，美联储的资产规模基本保持稳

---

① 即便是以基础货币为操作目标的货币政策操作框架，中央银行也避免影响流通中现钞的供应。

定，维持在 8 800 亿～9 000 亿美元之间，此时美联储的资产主要是国债。在这段时间，美联储货币政策操作的主要工具是降低联邦基金目标利率。在 2008 年 9 月全球金融危机爆发后，危机期间美联储主要采用流动性便利工具向市场和机构提供大量流动性，经济复苏期间则主要采用量化宽松政策，这两个时期的政策措施均导致美联储资产急剧膨胀（见图 5.1）。

注：周数据；流动性便利是 TAF、其他贷款和中央银行流动性互换之和。

资料来源：美联储网站 FRB_H41。

图 5.1　美联储资产

5.3.2　危机以来美联储各类主要资产变化

2008 年 9 月雷曼兄弟的倒闭引发了全球金融市场的极度恐慌，金融市场失灵，美联储利用各种新设的流动性便利向市场投放了大量流动性。在图 5.1 中表现为流动性便利贷款及中央银行流动性互换数额的急剧上升，从而引导美联储总资产也呈急剧上升态势，流动性便利贷款及中央银行流动性互换在 2008 年 12 月上、中旬达到最高点，为 15 000 多亿美元，占美联储总资产的 67% 左右。此后，随着危机严重程度的减退，该余额下降。美联储的政策也由危机应对转向刺激经济复苏，大量购买各种金融资产。

在危机干预时期（2007 年 8 月初至 2009 年 6 月底），美联储除了持有大量国债外，增加了危机干预所导致的流动性便利的资产。在经济复苏时期（2009 年 7 月初以后），美联储的资产主要包括美国国债、MBS 等证券类资产（见图 5.2）。

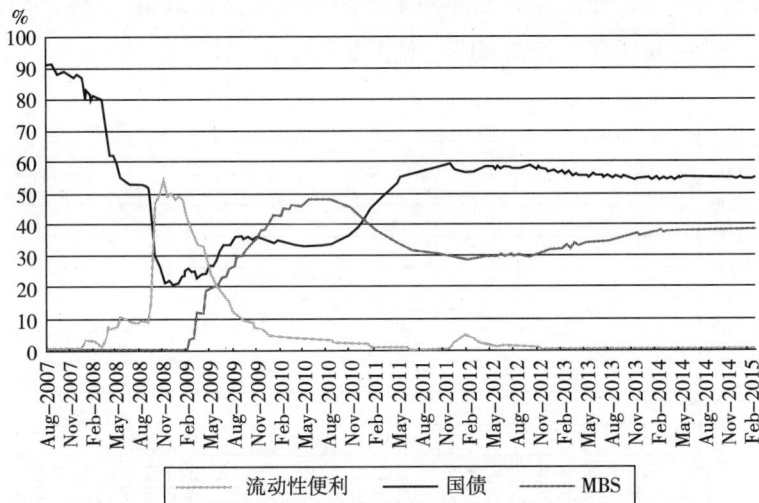

注：周数据；流动性便利是 TAF、其他贷款和中央银行流动性互换之和。

资料来源：美联储网站 FRB_H41。

图 5.2　美联储各类主要资产与总资产占比变化

下面分别分析危机以来美联储各类主要资产的变化情况。

（一）持有证券

美联储持有的证券包括美国国债、机构债和机构 MBS 三类证券。

危机前，美联储直接持有的证券仅包含国债。2007 年 12 月，美联储开始创设新的放贷便利，美联储在利用新设放贷便利发放流动性的同时，也采取出售其持有国债的方式进行对冲操作，以吸纳过多的流动性，使联邦基金利率保持在目标利率水平。这种操作方式表现为危机恶化前（2008 年 9 月前）美联储直接持有证券和流动性便利余额这两条曲线的此消彼长关系（见图 5.2）。

2009 年 3 月 18 日，美联储正式宣布将购买最高达 1.25 万亿美元的 MBS、2 000 亿美元的机构债和 3 000 亿美元的国债。购买计划主要是为了降低家庭和企业的信贷成本，提高信贷的可得性。显然，这些资产购买计划发挥了实质性作用，表现为：一般对联邦基金目标利率的降低基本没有反应的 30 年期固定按揭贷款利率，比 2008 年 11 月 25 日宣布该计划前降低了 1～1.5 个百分点。此后，为刺激经济复苏，美联储进行了大规模的资产购买计划。另外，美联储的资产购买等同于向信贷市场注入流动性，提高经济金融体系的资产负债能力。截至 2014 年底，美联储持有的证券已达 42 369 亿美元，占其总资产的 94%。

从结构上看，美联储持有的证券主要包括美国国债和 MBS，机构债占比很小。这是因为美联储仅在危机时期购买了机构债以支持房地美、房利美和吉利美，在经济复苏时期则仅购买国债和 MBS，以支持整体经济及房地产市场的复苏（见图 5.3）。

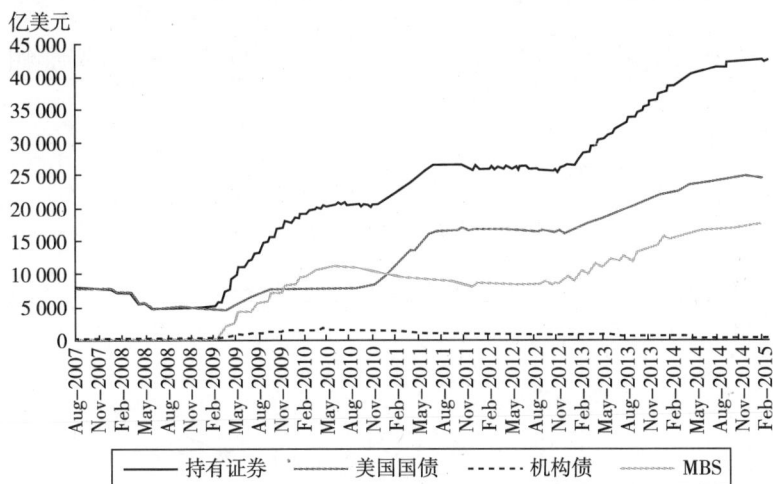

注：周数据。

资料来源：美联储 FRB_H41。

图 5.3　美联储持有各类证券余额

在 2008 年 10 月前的美联储危机干预政策使其持有的美国国债数额下降，2009 年 3 月提出的购买 3 000 亿美元长期国债、数轮的量化宽松政策及"扭曲操作"使长期国债占比大幅上升，1 年期以下的国债在 2012 年底"扭曲操作"结束后数量极少，几近为零（见图 5.4）。

自 2009 年 1 月开始购买 MBS 以来，美联储几乎全部购买 10 年期以上的 MBS，其他期限的 MBS 可以忽略不计（见图 5.5）。

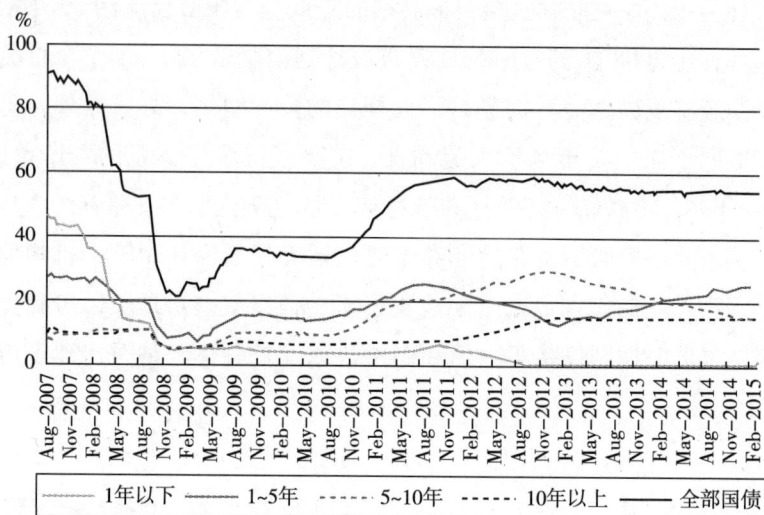

注：周数据。

资料来源：美联储 FRB_H41。

图 5.4   美联储各期限美国国债资产与总资产占比

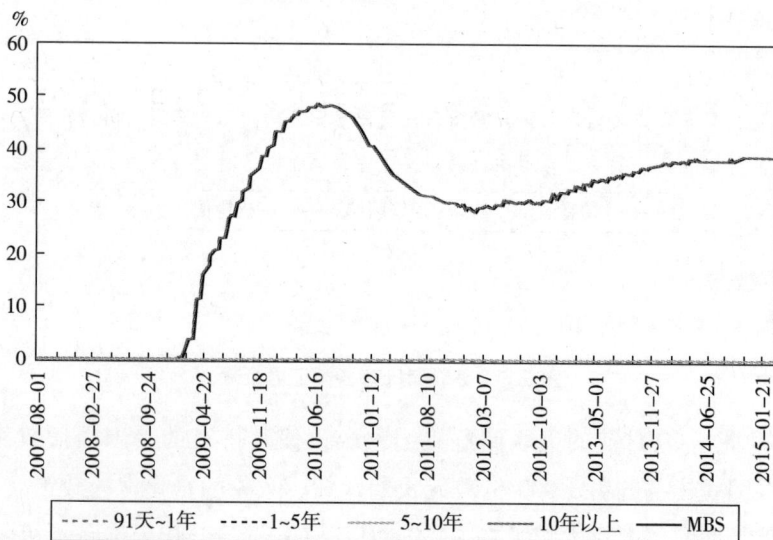

注：周数据。

资料来源：美联储 FRB_H41。

图 5.5   美联储各期限 MBS 与总资产占比

（二）流动性便利贷款

利用各种流动性便利向市场提供流动性是美联储危机政策的主要内容。需要注意的是，这些流动性便利贷款的范围包括最惠贷款、次级贷款、季节性贷款、短期拍卖便利（TAF）、一级交易商信贷便利（PDCF）、短期证券放贷便利（TSLF）、资产支持商业票据货币市场共同基金流动性便利（AMLF）、货币市场投资者融资便利（MMIFF）、定期资产支持证券贷款便利（TALF）、商业票据融资便利（CPFF）、支持特定机构贷款等，其中支持特定机构贷款包括向新设通道公司、新设通道公司Ⅱ、新设通道公司Ⅲ以及 AIG 发放的贷款，其覆盖范围要广于资产负债表中的"其他贷款"栏目包含的内容（见图5.6）。这些流动性便利贷款不包含中央银行流动性互换。

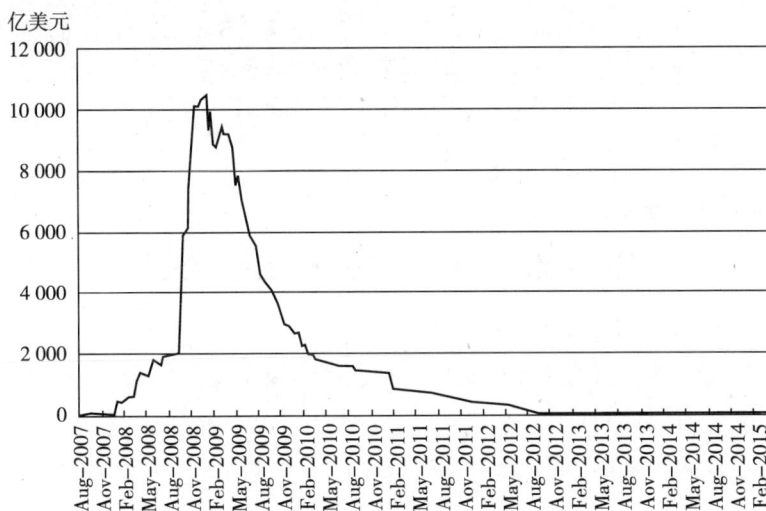

注：周数据。

资料来源：美联储 FRB_H41。

图 5.6　美联储向各类金融机构和市场提供的贷款

1. 向存款类机构发放的贷款

向存款类机构发放的贷款包括短期拍卖便利贷款、最惠贷款、次级贷款、季节性贷款等，危机期间存款类机构的额外流动性主要来自美联储的短期拍卖便利。随着危机的缓解，在经济复苏时期，存款类金融机构流动性充裕，不再需要来自美联储的流动性支持（见图5.7）。中央银行流动性互换的流动性提供给美联储以外的中央银行，再由这些中央银行提供给其本国的金融机构。

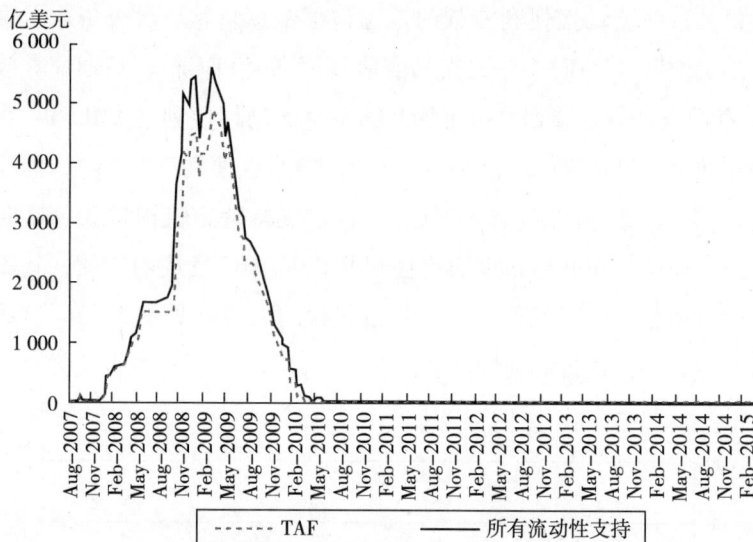

注：周数据，其中虚线为TAF贷款。

资料来源：美联储网站FRB_H41。

图5.7　美联储向存款性机构提供流动性便利贷款

2. 向一级交易商发放的贷款

向证券交易商提供的流动性支持工具包括一级交易商信贷便利（PDCF）和短期证券放贷便利（TSLF），这两个便利的贷款主要在危机时期发放，在危机缓解后证券交易商就不再需要这些贷款（见图5.8）。[①]

3. 直接向市场参与者发放贷款

美联储创设了资产支持商业票据货币市场共同基金流动性便利（AMLF）和货币市场投资者融资便利（MMIFF），以向货币市场参与者提供流动性支持，创设了商业票据融资便利（CPFF）和定期资产支持证券贷款便利（TALF），以向商业票据市场提供流动性支持。[②]

---

① 短期证券放贷便利（TSLF）无法体现在美联储的资产负债表里，因为美联储继续持有其借出的国债。

② MMIFF和TALF下实际没有发生贷款。

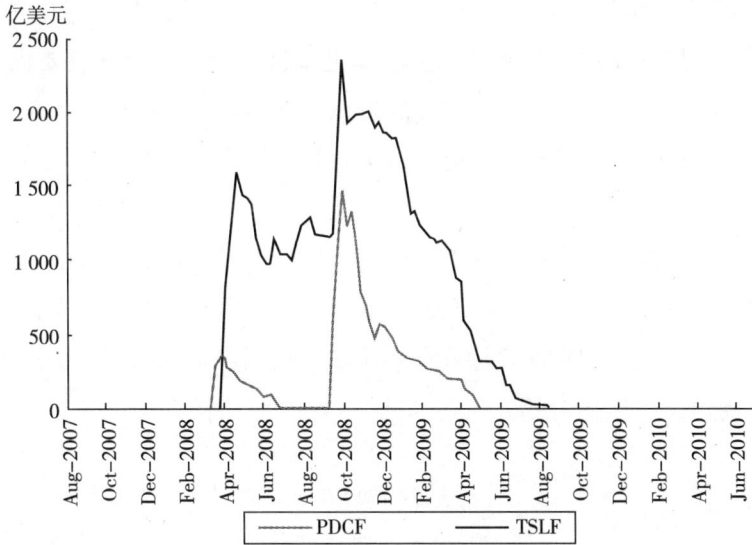

注：周数据。

资料来源：美联储网站 FRB_H41。

图 5.8　向证券交易商提供的流动性支持

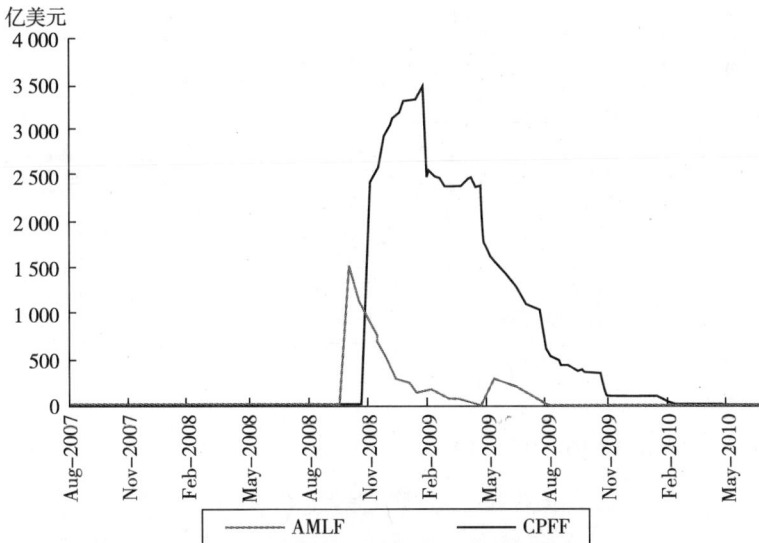

注：周数据。

资料来源：美联储网站 FRB_H41。

图 5.9　美联储向市场提供的流动性支持

4. 支持特定机构的贷款

除了上述各种流动性便利外，美联储也直接向具有系统性重要机构（Systemically Important Institution）直接发放贷款。在财政部的支持下，美联储运用紧急放贷的授权向特定机构发放贷款，以使摩根大通购并贝尔斯登能顺利实施，防止 AIG 倒闭。[①]

支持特定机构的贷款包括对 AIG 的支持，以及对新设通道有限责任公司 I、新设通道有限责任公司 II、新设通道有限责任公司 III 的贷款，其中，对 AIG 的支持包括向 AIG 发放的贷款和持有友邦保险曙光有限责任公司及美国人寿保险控股公司优先股（见图 5.10）。

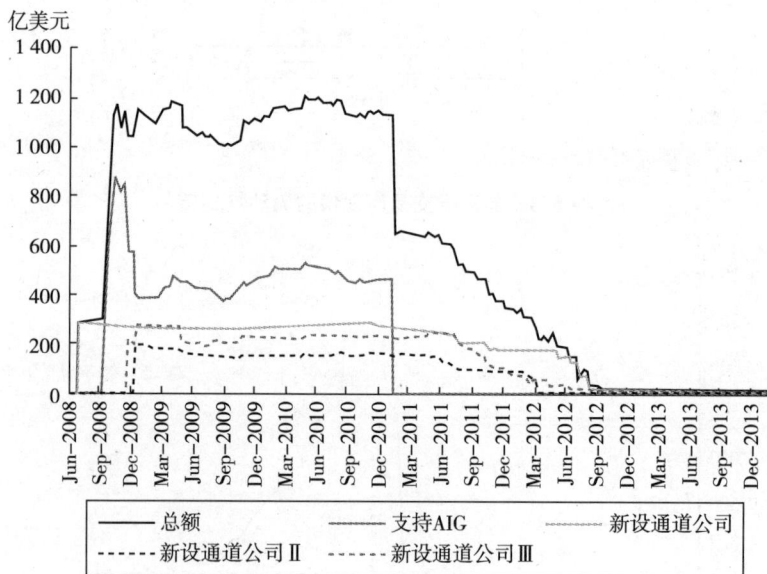

注：周数据。

资料来源：美联储网站 FRB_H41。

图 5.10　美联储对特定机构的支持

---

① 美联储是运用《联邦储备法》第 13 条第 3 款对这些非银行机构实施救助的。在一般情况下，这些机构不属于美联储流动性支持范围。在本轮危机中，美国没有对这些系统性重要的非银行机构有正式的解决机制。

中央银行无限制地向市场提供流动性是遏制金融危机的关键。而当危机消退时，中央银行各种放贷便利贷款的利率和条款应该劝阻借款者使用这些放贷便利，而是鼓励借款者转向私人市场（Bernanke，2009b，2009c）。

（三）中央银行流动性互换

尽管危机发生在美国，美元被认为是全球最安全的货币，美国以外的资金转换为美元并流向美国，导致全球美元流动性紧张，美国以外的中央银行从美联储提取美元，以满足本国的美元流动性需求，美国以外国家的美元流动性短缺发生在全球金融危机和欧债危机期间（见图5.11）。

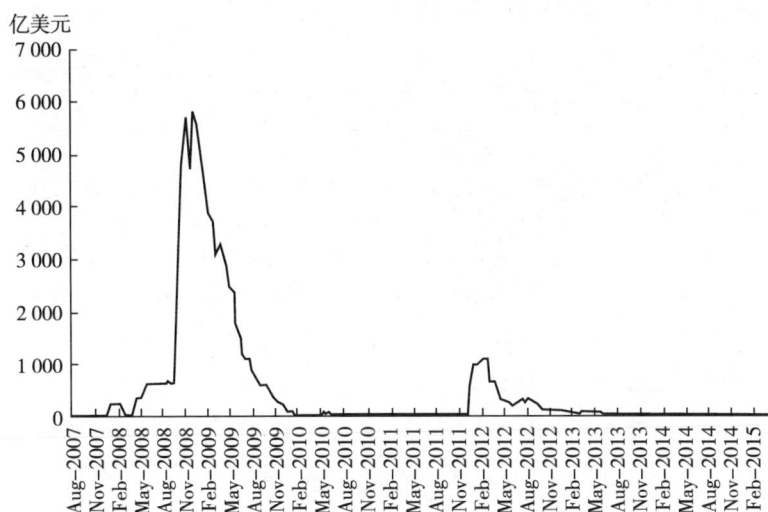

注：周数据。

资料来源：美联储网站 FRB_H41。

图 5.11 中央银行流动性互换

5.4 危机以来美联储负债方的主要变化

美联储负债方主要由联储纸币、存款机构在美联储的准备金存款和美国财政部的财政存款三部分构成。

在危机前，美联储的负债主要是由联储纸币构成。然而，危机发生后，美联储的负债结构发生了重大变化，这主要是由于存款机构的准备金数量出现了大幅增长（见图5.12）。

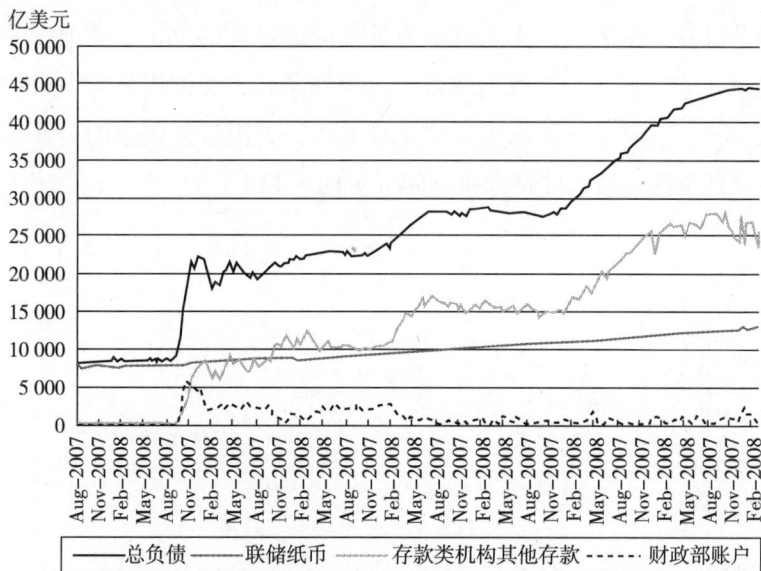

注：周数据；财政部账户为财政部一般账户和补充融资账户之和。

资料来源：美联储网站 FRB_H41。

图5.12 美联储主要负债

下面分别对构成美联储负债的主要项目进行分析。

（一）联储纸币

流通中的货币数量由公众的需求决定，其数量与美国名义支出和国外对美元现钞的需求增长相一致。危机以来，联储纸币基本不受危机影响，呈平稳小幅增长态势，由危机开始时的7 770亿美元增长到当前的1.3万亿美元，增长较为平稳。这表明，尽管本次危机较为严重，但并没有导致公众"窖藏"现钞，公众依旧保持对金融体系的基本信任。当然，这与2008年10月14日宣布的财政部购买金融机构优先股以增强资本金、联邦存款保险公司对存款实施临时性保证措施有关。

（二）存款机构准备金

存款机构的准备金存款由法定准备金和超额准备金构成。危机以来，准备金数额增长很快，保持振荡向上态势，由危机开始时的 455 亿美元增长到 2014 年末的近 2.65 万亿美元。当前的银行准备金主体是超额准备金（见图 5.13）。

注：周数据。

资料来源：美联储网站 FRB_H3。

图 5.13　存款机构准备金余额

中央银行的一项重要功能是创造货币。实际上，美联储对各种放贷计划和证券购买的资金支持主要是通过创造银行准备金的方式实现的。流通中的货币和银行准备金是基础货币。由于银行准备金增长，导致基础货币相应地增长。然而，由于银行在经济危机及复苏疲弱时期不大愿意放贷，广义货币并没有像基础货币那样增长。银行准备金的超常增长反映了银行对放贷活动持谨慎态度。

由于中央银行贷款和证券购买而导致的银行准备金的大幅增长，是量化宽松政策的重要特征。量化宽松政策背后的逻辑是：通过量化宽松政策向银行提供大量的超额流动性，银行将使用其部分流动性发放贷款或购买其他资产。① 这样，将使广义货币增长、资产价格提高，反过来又使家庭和企业购买非货币资产或者在货物和服务上支出更多。在量化宽松政策下，中央银行的负债规模可以充分反映政策的宽松程度（Bernanke，2009b，2009c）。在实施量化宽松政策后，银行体系具有高度的流动性。一系列的证据表明，美联储的量化宽松政策有力地改善了信贷市场，压低了长期借贷利率。

2008 年 10 月美联储获得的向存款准备金付息的授权使商业银行有动力在美联储持有存款准备金，使其余额扩张。鉴于存款准备金数额巨大，在危机缓解时，存款准备金利率将在货币政策操作中发挥关键性的作用。②

（三）财政部一般账户和补充融资账户

美国财政部在美联储开设了一般账户，这个账户类似于支票账户，财政部用其进行大部分的联邦支付，通常其余额很少，危机前保持在四五十亿美元的水平。在 2008 年 9 月 17 日，由于危机严重恶化，财政部在美联储开设了补充融资计划（Supplement Financing Program，SFP）账户，以帮助美联储冲销由危机干预而导致的大量流动性，使联邦基金利率维持在目标利率水平。③ 在这个计划下，财政部发行特别的短期国债，并将发债收入放在这个账户里。这一操作实际上是将资金从存款机构的准备金账户转移到了财政部的账户，以收回由于美联储的危机干预政策而向银行体系提供的流动性。

财政部账户的存款额在 2008 年 10 月危机严重时达到顶峰，达到 6 000 多亿

---

① Kohn 对此并不认同。他认为巨额的银行准备金主要是美联储资产购买计划的副产品，并不会对经济有显著的、独立的影响。这不同于传统的"银行准备金扩张引发货币供给增加，再导致通货膨胀和经济增长"的货币主义政策传导渠道。当前银行的行为更类似于标准的凯恩斯的流动性陷阱模型（Kohn，2010a）。笔者认为，美联储的资产购买既降低了相应资产的长期收益率，又使银行体系有超额流动性，一举两得。

② 在当前政策利率为 0~0.25% 的情况下，银行准备金利率为 0.25%，这帮助美联储顺利实施资产购买计划，以拉低相应资产收益率、刺激经济复苏。

③ 财政部的帮助被证明是节约成本的，因为财政部发行的短期国债期限显著短于当时美联储持有国债的平均期限（2008 年底时美联储持有国债的期限平均为 82.7 个月，而 SFP 国债期限为 7~101 天），而当时的国债收益率曲线是向上极为陡峭的（比如在 2008 年 12 月 11 日，30 天国债收益率为 1 个基点，而 7 年期的为 199 个基点）（Stella，2009）。财政部的这一举措具有准货币政策功能。如能及时得到授权，美联储实际上也可以发行短期中央银行票据来替代 SFP。

美元。随后，随着危机的缓解，发债数量下降，其存款也随之下降，2011 年 7 月该账户余额降至零（见图 5.14）。

在危机后，财政部一般账户余额及波动都大幅增加，这主要是由于美联储的危机干预和经济复苏政策导致美联储拥有大量升息资产，按照美联储的会计准则，每周都在扣除美联储的股东股息及公积金后，将剩余部分支付给美国财政部（见图 5.14）。

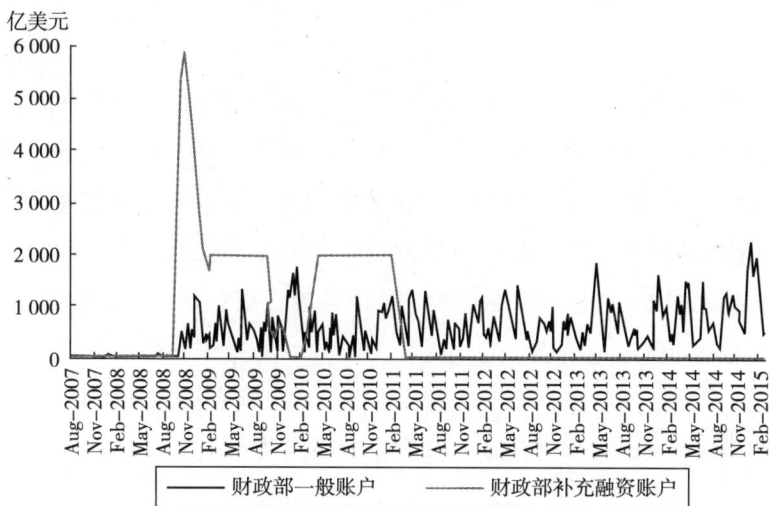

注：周数据。

资料来源：美联储网站。

图 5.14 财政部存款余额

5.5 小结

危机以来，美联储在政策利率接近零、无法再利用传统的利率手段的情况下，快速转到运用数量手段来遏制危机、刺激经济复苏。从危机以来美国经济金融的表现来看，美联储的危机干预及经济复苏政策基本上是成功的。通过对危机以来美联储资产负债表演变的回顾，可以得出以下主要结论：

1. 危机时期美联储以大幅度、大范围、创新性的流动性扩张来支持机构和市场，替代市场上流失的私人资本，缓解市场流动性短缺，减少高企的利差，以稳定金融市场和实体经济。流动性支持表现为美联储资产负债表规模的大规模膨胀。这表明，美联储不仅仅是"银行的银行"，而且是整个社会的信用提供者。

2. 从对美联储资产负债表演变和构成的分析来看，危机以来美联储的货币政策重点发生了转变，从向市场提供各种流动性贷款为主转向直接从市场购买各类证券为主，这表明美联储的货币政策操作由危机应对向刺激经济复苏的转变。

3. 在零政策利率下量化宽松手段仍能有效地进行货币政策操作。美联储通过调整美联储资产负债表的构成、扩张美联储资产负债表规模等手段来进行货币政策操作：（1）调整美联储资产负债表的构成。美联储通过改变美联储资产中不同期限国债的持有量，将对不同种类债券的相对供给产生影响，并进而对不同债券的溢价以及收益率产生影响，从而影响长期利率，以此刺激经济复苏。（2）扩张美联储资产负债表。通过传统的公开市场操作就可以改变存款准备金供应和货币供应量。首先，增加货币供给将促使投资者更多地购买非货币资产，从而拉低收益率，刺激经济活动；其次，充裕的货币供给易使公众形成未来短期利率将处于低位的预期；最后，通过公开市场购买方式，中央银行用不必支付利息的现金或准备金来置换公众持有的需支付利息的政府债券，减少政府支出和公众税负。

4. 向市场提供的流动性大多以银行超额准备金方式回流到美联储账户上，但对实体经济的刺激作用并未如美联储资产负债表扩张那样显著，在可预见的未来也不会由美联储的危机应对和经济复苏政策操作而导致通货膨胀。

参 考 文 献

吴培新，2008a，《美联储为何以激进货币政策应对次贷危机》，《上海证券报》6月4日，《金融与保险》第8期。

吴培新，2008b，《应对次贷危机：稳定金融市场是目标》，《上海证券报》6月24日。

吴培新，2008c，《美联储应对次贷危机的货币政策工具》，《中国货币市场》第9期。

吴培新，2008d，《次贷危机形成机理及其对货币政策框架的涵义》，《国际金融研究》第10期。

吴培新，2009，《次贷危机背景下美联储的危机政策理念》，《经济社会体制比较》第1期。

吴培新，2010，《美联储资产负债状况的演变及货币政策涵义》，《经济学动态》第7期。

吴培新，2011a，《美联储维持超低利率政策的底气何在》，《上海证券报》8月25日。

吴培新，2011b，《美联储"扭转操作"实为变相QE3》，《上海证券报》9月26日。

吴培新，2012a，《美联储是否还会推出QE3》，《上海证券报》5月22日。

吴培新，2012b，《美联储宽松货币政策持续加码——2012年美联储货币政策分析》，《中国金融年鉴》。

吴培新，2013a，《美联储用提升通胀的手段能刺激经济吗》，《上海证券报》1月17日。

吴培新，2013b，《本轮美国经济复苏及其复苏的货币政策框架》，人行上海总部重点课题。

吴培新, 2014,《就业增长导向的美联储复苏政策——美联储经济复苏政策逻辑评析》,《西部金融》第 1 期。

中国人民银行上海总部调查统计研究部课题组, 2011,《当期国际金融市场的大幅动荡——美国债务问题召唤制度性变革》,《中国货币市场》第 9 期。

朱太辉, 2010,《美元环流、全球经济结构失衡和金融危机》,《国际金融研究》第 10 期。

Ashcraft, A. B. and T. Schuermann, 2008, "Understanding the Securitization of Subprime Mortgage Credit", *Federal Reserve Bank of New York Staff Report* No. 318, March.

Baumeister, C. , and L. Benati, 2010, "Unconventional Monetary Policy and the Great Recession: Estimating the Impact of a Compression in the Yield Spread at the Zero Lower Bound", *European Central Bank Working Paper Series*, 1258, Oct.

Bernanke, Ben S. , 2007, "Federal Reserve Communications", Speech Delivered at the Cato Institute 25th Annual Monetary Conference, Washington, D. C. , Nov. 14.

——2008, "Financial Markets, the Economic Outlook, and Monetary Policy", Speech Delivered at the Women in Housing and Finance and Exchequer Club Joint Luncheon, Washington, Jan. 10.

——2009a, "The Crisis and the Policy Response", Speech Delivered at the Stamp Lecture, London School of Economics, London, England, Jan. 13.

——2009b, "Federal Reserve Policies to Ease Credit and Their Implications for the Fed's Balance Sheet", Speech Delivered at the National Press Club Luncheon, Feb. 18.

——2009c, "The Federal Reserve's Balance Sheet: An Update", Speech Delivered at the Federal Reserve Board Conference on Key Developments in Monetary Policy, Oct. 8.

——2010, "Monetary Policy and the Housing Bubble", Speech Delivered at the Annual Meeting of the American Economic Association, Atlanta, Georgia, Jan. 3.

——2012a, "Recent Developments in the Labor Market", Speech Delivered at the National Association for Business Economics Annual Conference, Arlington, Virginia, March 26.

——2012b, "Monetary Policy since the Onset of the Crisis", Speech Delivered at the Federal Reserve Bank of Kansas City Economic Symposium, Jackson Hole, Aug. 31.

——2013, "A Century of U. S. Central Banking: Goals, Frameworks, Accountability," Speech Delivered at the "The First 100 Years of the Federal Reserve: The Policy Record, Lessons Learned, and Prospects for the Future", a Conference Sponsored by the National Bureau of Economic Research, July 10.

——and M. Gertler, 1989, "Agency Costs, Net Worth, and Business Fluctuation", *American Economic Review*, Vol. 79 (Mar.), pp. 14 – 31.

——M. Gertler, and S. Gilchrist, 1996, " The Financial Accelerator and the Flight to Quality", Review of Economics and Statistics, Vol. 78 (Feb.), pp. 1 – 15.

——M. Gertler, and S. Gilchrist, 1999, "The Financial Accelerator in a Quantitative Business Cycle Framework", in John B. Taylor and Michael Woodford, eds. , Handbook of Macroeconomics, Vol. 1, part 3.

Chung, Hess, Jean – Philippe Laforte, David Reifschneider, and John Williams, 2012, "Have We Underestimated the Likelihood and Severity of Zero Lower Bound Events?", *Supplement*, *Journal of Money*, *Credit and Banking*, Vol. 44 (S1, Feb.).

D'Amico, Stefania, William English, David López – Salido, and Edward Nelson, 2012, "The Federal Reserve's Large – Scale Asset Purchase Programmes: Rationale and Effects", *Economic Journal*, Vol. 122 (Nov.).

Dell' Ariccia, G. , D. Igan and L. Laeven, 2008, "Credit Booms and Lending Standards: Evidence from the Subprime Mortgage Market", *IMF Working Paper* wp/08/106, April.

Demyanyk, Y. and O. V. Hemert, 2007, "Understanding the Subprime Mortgage", *Federal Reserve Bank of St. Louis Working Paper* (?), Dec.

Altunbas, Y. , L. Gambacorta and D. Marques, 2007, "Securitisation and the Bank Lending Channel", *ECB Working Paper Series*, No. 838, Dec.

Borio, C. , 2007a, "Change and Constancy in the Financial System: Implications for Financial Distress and for Policy", in Reserve Bank of Australia (ed), Financial System: Structure and Resilience, Proceedings of a Conference, Reserve Bank of Australia, Sydney. Also available as *BIS Working Paper*, No. 237, October.

Borio, C. and P. Lowe, 2004, "Securing Sustainable Price Stability: Should Credit Come Back from the Wilderness?", *BIS Working Papers*, No. 157, April.

Committee on the Global Financial System, 2005, "The Role of Rating in Structured Finance: Issues and Implications", January.

Del Negro, Marco, and Christopher Otrok, 2007, "99 Luftballons: Monetary Policy and the House Price Boom across U. S. States", *Journal of Monetary Economics*, Vol. 4.

Dokko, Jane, Brian Doyle, Michael T. Kiley, Jinill Kim, Shane Sherlund, Jae Sim, and Skander Van den Heuvel, 2009, "Monetary Policy and the Housing Bubble", *Finance and Economics Discussion Series* 2009 – 49. Washington: Board of Governors of the Federal System, Dec.

Elsby, Michael W. L. , Bart Hobijn, and Aysegül Sahin, 2010, "The Labor Market in the Great Recession", *Brookings Papers on Economic Activity (Spring)*, pp. 1 – 69.

Evans, Charles, 2011, "The Fed's Dual Mandate Responsibilities and Challenges Facing U. S. Monetary Policy," Speech Delivered at the European Economics and Financial Centre in London, United Kingdom, Sep. 7.

——2012, "Monetary Policy in Challenging Times," speech delivered at the C. D. Howe Institute in Toronto, Canada, Nov. 27.

Fender, I. and J. Kiff, 2005, "CDO Rating Methodology: Some Thoughts on Model Risk and itsImplications", Journal of Credit Risk, No. 3, Also available as *BIS Working Papers*, No. 163, November 2004.

Fender, I. and J. Mitchell, 2005, "Structured Finance: Complexity, Risk and the Use of Ratings", *BIS Quarterly Review*, Jun. .

Frankel, A. , 2006, "Prime or not so Prime? An Exploration of US Housing

Finance in the New Century", *BIS Quarterly Review*, March, pp. 67 – 78.

Fuhrer, Jeffrey C. , and Giovanni P. Olivei, 2011, "The Estimated Macroeconomic Effects of the Federal Reserve's Large – Scale Treasury Purchase Program", Public Policy Briefs 2011 – 02. Boston: Federal Reserve Bank of Boston, April.

Fujiki, H. , I. Okina and H. Shiratsuka, 2001, "Monetary Policy under Zero Interest Rate: Viewpoint of Central BankEconomists", *Monetary and Economic Studies*, Vol. 19, No. 1, Institute for Monetary and Economic Studies, Bank of Japan.

Fuster, Andreas, and Paul S. Willen, 2010, " $ 1. 25 Trillion Is Still Real Money: Some Facts about the Effects of the Federal Reserve's Mortgage Market Investments", Public Policy Discussion Papers 2010 – 04, Boston: Federal Reserve Bank of Boston, Nov.

Gagnon, Joseph, Mathew Raskin, Julie Remache, and Brian Sack, 2011, "The Financial Market Effects of the Federal Reserve's Large – Scale Asset Purchases", *International Journal of Central Banking*, Vol. 7 (Mar.).

Goodhart, C. 2004, "Some New Directions for Financial Stability?", *The Per Jacobsson Lecture*, Zurich, Switzerland, 27 June.

Gorton, Gary, 2008, "The Panic of 2007", Paper Presented on the Symposium of "maintaining stability of financial System", Sponsed by the Federal Reserve Bank of Kansas City, at the Federal Reserve Bank of Kansas City Economic Symposium, Jackson Hole, Aug. 31.

Hamilton, James and Jing Cynthia Wu, 2012, "The Effectiveness of Alternative Monetary Policy Tools in a Zero Lower Bound Environment", *Journal of Money, Credit and Banking*, Vol. 44 Issue Supplement s1 (Feb.).

Hancock, D. , and W. Passmore, 2012, "The Federal Reserve's Portfolio and its Effects on Mortgage Markets", *Finance and Economics Discussion Series* 2012 – 22. Washington: Fed, June.

Hofmann, Boris, and Bilyana Bogdanova, 2012, "Taylor Rules and Monetary Policy: A Global 'Great Deviation'?", *BIS Quarterly Review*, Sep.

Howard, Greg, Robert Martin, and Beth Anne Wilson, 2011, "Are Recoveries from Banking and Financial Crises Really So Different?", *International Finance Discussion Papers* 1037 (Washington: Board of Governors of the Federal Reserve System, Nov.).

Kiley, Michael, 2012, "The Aggregate Demand Effects of Short – and Long – Term Interest Rates", *Finance and Economics Discussion Series* 2012 – 54. Washington: Fed, Sep.

Kohn, Donald L. , 2010a, "Homework Assignment for Monetary Policymakers", Speech Delivered at the Cornelson Distinguished Lecture at Davidson College, Davidson, North Carolina, March 24.

Krishnamurthy, Arvind and Annette Vissing – Jorgensen, 2011, "The Effects of Quantitative Easing on Interest Rates: Channels and Implications for Policy", *Brookings Papers on Economic Activity*, Fall.

Krugman, P. , 1998, "It's Baaack: Japan's Slump and the Return of the Liquidity Trap", *Brookings Papers on Economic Activity*, 2 .

——2000, "Thinking About the Liquidity Trap", *Journal of the Japanese and International Economies*, Vol. 14, Issue 4.

Lazear, Edward P. , and James R. Spletzer, 2012, "The United States Labor Market: Status Quo or a New Normal?" *NBER Working Paper Series* 18386 (Cambridge Mass, National Bureau of Economic Research, Sep.).

Li, Canlin, and Min Wei, 2012, "Term Structure Modeling with Supply Factors and the Federal Reserve's Large Scale Asset Purchase Programs", *Finance and Economics Discussion Series* 2012 – 37 (Washington: Fed), May.

Madigan, B. F. , 2009, "Bagehot's Dictum in Practice: Formulating and Implementing Policies to Combat the Financial Crisis", Speech Delivered at the Federal Reserve Bank of Kansas City's Annual Economic Symposium, Jackson Hole, Wyoming, Aug. 21.

McCracken, Michael W. , 2011, "Housing's Role in a Recovery", Federal Reserve Bank of St. Louis, Economic Synopses, No. 6 (Feb.)

Meaning, Jack, and Feng Zhu, 2011, "The Impact of Recent Central Bank Asset

Purchase Programmes. " *BIS Quarterly Review*, Dec.

Meyer, Laurence H. , and Antulio N. Bomfim, 2012, "Not Your Father's Yield Curve: Modeling the Impact of QE on Treasury Yields", Macroeconomic Advisers, Monetary Policy Insights, May 7.

Mishkin, Frederic S. 1991, "Asymmetric Information and Financial Crises: A Historical Perspective", in R. G. Hubbard, ed. , Financial Markets and Financial Crises. Chicago: University of Chicago Press, pp. 69 – 108.

——1994, "PreventingFinancial Crises: An International Perspective", The Manchester School of Economic and Social Studies, Vol. 62, pp. 1 – 40.

——2007a, "Financial Instability and the Federal Reserve as a Liquidity Provider", Speech Delivered at the Museum of American Finance Commemoration of the Panic of 1907, New York, Oct. 26.

——2007b, "Financial Instability and Monetary Policy", Speech Delivered at the Risk USA 2007 Conference, New York, Nov. 5.

——2008a, "Monetary Policy Flexibility, Risk Management, and Financial Disruptions", Speech Delivered at the Federal Reserve Bank of New York, New York, Jan. 11.

——2008b, "The Federal Reserve's Tools for Responding to Financial Disruptions", Speech Delivered at the Tuck Global Capital Markets Conference, Tuck School of Business, Dartmouth College, Hanover, New Hampshire, Feb. 15.

Orphanides, Athanasios, and Volker Wieland, 2000, "Efficient Monetary Policy Design near Price Stability", *Journal of the Japanese and International Economies*, Vol. 14 (Dec.).

Reifschneider, David, and John C. Williams, 2000, "Three Lessons for Monetary Policy in a Low – Inflation Era", *Journal of Money, Credit and Banking*, Vol. 32 (Nov. , part 2).

Reinhart, C. M. and K. S. Rogoff, 2008, "Is the 2007 US Subprime Financial Crisis So Different? An International Historical Comparison", *NBER Working Papers*, No. 13761, Jan.

Rothstein, Jesse, 2012, "The Labor Market Four Years into the Crisis: Assessing Structural Explanations", *Industrial and Labor Relations Review*, Vol. 65 (Jul.).

Sahin, Aysegül, Joseph Song, Giorgio Topa, and Giovanni L. Violante, 2014, "Mismatch Unemployment", *the American Economic Review*, Nov., Vol. 104, No. 11.

Sanchez and Thornton, 2011, "Why is Employment Growth so Low?", Federal Reserve Bank of ST. Louis Economic Synopses No. 37.

Stella, Peter, 2009, "The Federal Reserve System Balance Sheet: What happened and Why it Matters", *IMF Working Paper* WP/09/120.

Svensson, Lars E. O., 2003, "What Is Wrong with Taylor Rules? Using Judgment in Monetary Policy through Targeting Rules", *Journal of Economic Literature*, Vol. 41 (June).

Swanson, Eric T., 2011, "Let's Twist Again: A High – Frequency Event – Study Analysis of Operation Twist and Its Implications for QE2", *Brookings Papers on Economic Activity*, Spring.

——and John C. Williams, 2014, "Measuring the Effect of the Zero Lower Bound on Medium – and Longer – Term Interest Rates", *American Economic Review*, Oct. Vol. 104, No. 10.

Tarashev, N. and H. Zhu, 2006, "Measuring Portfolio Credit Risk: Modelling versus Calibration Errors", *BIS Quarterly Review*, Mar.

Taylor, John B., 2007, "Housing and Monetary Policy", *NBER Working Paper Series* 13682. Cambridge Mass, National Bureau of Economic Research, Dec.

Ugai, Hiroshi, 2006, "Effects of the Quantitative Easing Policy: A Survey of Empirical Analyses", *Bank of Japan Working Paper Series* No. 06 – E – 10.

Williams, John C., 2009, "Heeding Daedalus: Optimal Inflation and the Zero Lower Bound", Brookings Papers on Economic Activity, Fall.

Woodford, Michael, 2003a, "Optimal Interest – Rate Smoothing", Review of Economic Studies, Vol. 70 (Oct.).

——2012, "Methods of Policy Accommodation at the Interest – Rate Lower Bound", Paper Presented at "The Changing Policy Landscape", held in Jackson Hole, Wyo. , Aug. 31 – Sep. 1.

Wright, Jonathan H. , 2012, "What Does Monetary Policy Do to Long – Term Interest Rates at the Zero Lower Bound?", *NBER Working Paper Series* 17154, June.

Yellen, Janet L. , 2011, "Unconventional Monetary Policy and Central Bank Communications", Speech Delivered at the University of Chicago Booth School of Business US Monetary Policy Forum, New York, Feb. 25.

—— 2012a, "The Economic Outlook and Monetary Policy", Speech Delivered at the Money Marketeers of New York University, New York, April 11.

—— 2012b, "Perspectives on Monetary Policy", Speech Delivered at the Boston Economic Club Dinner, Boston, June 6.

—— 2012c, "Revolution and Evolution in Central Bank Communications", Speech Delivered at the Haas School of Business, University of California, Berkeley, Berkeley, Calif. , Nov. 13.

—— 2013a, "A Painfully Slow Recovery for America's Workers: Causes, Implications, and the Federal Reserve's Response", Speech Delivered at the "A Trans – Atlantic Agenda for Shared Prosperity" Conference, Washington, D. C. , Feb. 11.

—— 2013b, "Challenges Confronting Monetary Policy", Speech Delivered at the 2013 National Association for Business Economics Policy Conference, Washington, D. C. Mar. 4.

—— 2013c, "Communication in Monetary Policy", Speech Delivered at the Society of American Business Editors and Writers 50th Anniversary Conference, Washington, D. C. April 4.

后　记

"大衰退"以来美联储的政策实践

在 2008 年全球性金融危机的打击下，全球经济满目疮痍，如何应对金融危机及其后疲弱的经济复苏，是各国政府和中央银行面临的重大挑战。

作为危机发源地中央银行的美联储进行了大胆而积极的创新，其政策实践大大突破了传统货币政策的边界，对其进行梳理和研究，有助于我们深化、拓展对货币政策的认识。这些年来我对美联储的政策操作进行了跟踪分析，并在此基础上尝试着探究政策操作背后的经济学逻辑和机理，取得了一些研究成果，陆续发表在《国际金融研究》、《经济学动态》、《经济社会体制比较》等刊物上。

"大衰退"以来美联储的政策实践成功地化解了百年一遇的金融危机，并避免经济的再度衰退，是一个非常典型的案例，是全球货币政策实践史上的里程碑，对其进行全面、系统的研究和总结对于拓展、深化货币政策理论和实践的认识是非常有意义的。在这些年来积累的大量素材和已经取得的研究成果的基础上，我对美联储货币政策实践进行系统性的梳理和研究，希冀呈现给读者一个较为完整的、美联储在非常时期的非常政策实践的脉络和轮廓。这就是本书的来历。

"大衰退"以来美联储政策实践的内容非常庞杂，内涵非常丰富，难以在一本专著中完成其全面梳理和研究。本书是对美联储政策操作层面的研究，我希望以后能完成对"大衰退"以来美联储货币政策内在机理、政策框架的系统性整理和研究，与本书形成合璧。

138

　　我的工作并不轻松，甚至可以称得上繁重，跟踪分析美联储的货币政策实践仅是我工作的一部分。学术研究是高强度、长跨度的智力竞技，需要研究者全身心地投入其中并持之以恒。或许学问之道就在于孤独和坚守。这些年，我"闭关""面壁"，研究工作几乎占据了我生活的全部。我牺牲了与家人、朋友的相处，社会交往极少，为此，我深感愧疚。我学术上的任何成就都难以与这些年家人的担当与付出相提并论，谨以此书献给我的父母及爱人。

　　我始终在挑战极致，希冀本书也能极致地呈现"大衰退"以来美联储的政策实践，但疏漏、偏颇之处在所难免，真诚欢迎读者的任何批评指正。

吴培新

二〇一五年五月于沪上